Ingeborg Bachmann
Vor den Linien der Wirklichkeit

Band 1747

Zu diesem Buch

Im Rahmen der Einzelausgaben des Werkes von Ingeborg Bachmann in der Serie Piper werden hier die vier großen Radioessays vorgelegt, die die Dichterin zwischen 1952 und 1958 für den Rundfunk schrieb.

Schon in der Themenstellung wird deutlich, daß es sich hier um philosophische und literarische Auseinandersetzungen mit Fragen handelt, die für das 20. Jahrhundert von zentraler Bedeutung und für das Verständnis des Bachmannschen Werkes unumgänglich sind. Es geht um Musils »Mann ohne Eigenschaften«, um »Sagbares und Unsagbares – Die Philosophie Ludwig Wittgensteins«, um »Das Unglück und die Gottesliebe – Der Weg Simone Weils« und schließlich um »Die Welt Marcel Prousts – Einblicke in ein Pandämonium«.

Ingeborg Bachmann, geboren 1926 in Klagenfurt, Lyrikerin, Erzählerin, Hörspielautorin, Essayistin. 1952 erste Lesung bei der Gruppe 47, Preis der Gruppe 47, Bremer Literaturpreis, Hörspielpreis der Kriegsblinden, Berliner Kritikerpreis, Georg-Büchner-Preis, Großer Österreichischer Staatspreis, Anton-Wildgans-Preis. Lebte nach Aufenthalten in München und Zürich viele Jahre in Rom, wo sie 1973 starb.

Ingeborg Bachmann

Vor den Linien
der Wirklichkeit

Radioessays

Piper
München Zürich

Entnommen der leicht verbesserten Neuauflage
der Werkausgabe:
Ingeborg Bachmann, Werke.
Vierter Band: Essays – Reden – Vermischte Schriften –
Anhang; herausgegeben von Christine Koschel,
Inge von Weidenbaum, Clemens Münster
R. Piper & Co. Verlag, München/Zürich 1982

Von Ingeborg Bachmann liegen
in der Serie Piper bereits vor:

Hörspiele (139)
Frankfurter Vorlesungen (205)
Die Wahrheit ist dem Menschen zumutbar (218)
Das Honditschkreuz (295)
Die gestundete Zeit (306)
Anrufung des Großen Bären (307)
Liebe: Dunkler Erdteil (330)
Wir müssen wahre Sätze finden (1105)
Der Fall Franza. Requiem für Fanny Goldmann (1121)
Die Fähre (1182)
Simultan (1296)
Mein erstgeborenes Land (1354)
Das dreißigste Jahr (1509)
Gedichte Erzählungen Hörspiel Essays (1630)

Über Ingeborg Bachmann:
Bilder aus ihrem Leben (658)
Kein objektives Urteil – nur ein lebendiges
Hrsg. von Christine Koschel und Inge von Weidenbaum (792)

ISBN 3-492-11747-3
Neuausgabe August 1993
© R. Piper & Co. Verlag, München 1978
Umschlag: Federico Luci,
unter Verwendung des Gemäldes
»Hermetische Melancholie« (1919) von Giorgio de Chirico
(© VG Bild-Kunst, Bonn 1993)
Satz: Wiener Verlag, Wien
Druck und Bindung: Clausen & Bosse, Leck
Printed in Germany

Inhalt

Der Mann ohne Eigenschaften 7

Sagbares und Unsagbares –
Die Philosophie Ludwig Wittgensteins 31

Das Unglück und die Gottesliebe –
Der Weg Simone Weils 57

Die Welt Marcel Prousts – Einblicke in
ein Pandämonium 85

Anhang 111

Der Mann ohne Eigenschaften
Unvollständig

Stimmen: 1. Sprecher, 2. Sprecher, Ulrich, Musil

1. SPRECHER Ehe wir uns dem Thema zuwenden, das wir uns gewählt haben, werden wir fragen müssen: wer war Robert Musil? Wir fragen, weil seit geraumer Zeit sein Name im Mund einiger Leute ist – weil sogar einige Literaturgeschichten ihm einen, wenn auch knappen, Absatz widmen und weil, was uns wichtiger scheint, ein großer deutscher Verlag sein Werk, das vom Buchmarkt verschwunden war, jetzt neu aufgelegt hat.

2. SPRECHER Robert, Edler von Musil, geboren 1880 in Klagenfurt, Österreich, gestorben 1942 in Genf. Ein Roman, ›*Die Verwirrungen des Zöglings Törless*‹ (1906), beschäftigte die deutsche Literaturkritik durch seine neuartige Psychologie und erregte schon rein stofflich einiges Aufsehen, da er es wagte, die Pubertätswirren eines Knaben darzustellen. Obwohl sich Musil später ausdrücklich vom deutschen Expressionismus distanzierte, nahm die expressionistische Prosa von diesem Werk ihren Ausgang. Zudem erstaunte die deutsche Literaturkritik das stupende psychologische Wissen des Autors, dem es gelang, noch die unaussprechbarsten seelischen Erlebnisse mit dem Wort an die Oberfläche und in Bilder zu bringen.

In großen zeitlichen Abständen erschienen zwei Novellenbände: ›*Vereinigungen*‹ (1911) und ›*Drei Frauen*‹ (1924).

1. SPRECHER In diesen Prosastücken hatte Musil seinen ersten Roman darstellerisch schon weit hinter sich gelas-

sen. Und doch wurden sie, nach dem schönen Anfangs-
erfolg, kaum mehr zur Kenntnis genommen. Was half es
ihm, daß Hofmannsthal eine dieser Novellen sehr lobte?
Er hatte sich erlaubt, einen Weg zu nehmen, den man
nicht von ihm erwartete.

2. SPRECHER Im Jahre 1920 begann er an einem Roman
zu arbeiten, den er 22 Jahre später unvollendet hinter-
ließ. Die ersten beiden Bände erschienen 1930 und 1932,
die Herausgabe des dritten Bands mußte von der Witwe
des Dichters zur Subskription ausgeschrieben werden,
um gedruckt werden zu können. Das war im Jahre 1943.

1. SPRECHER Und damals schien es, als wäre Musil der
Weg zu seinen deutschen Lesern für immer abgeschnit-
ten. *>Der Mann ohne Eigenschaften<* – wir sprechen von
diesem Werk – die Arbeit eines ganzen Lebens, fand keine Resonanz mehr. Er hatte nie großen Anklang gefunden. Immerhin wurden die beiden ersten Bände von einigen Kritikern begriffen als ein unerhörtes Werk, für das
sich keine Parallele in der deutschen Literatur fand, dessen Qualitäten man einfach nicht gerecht werden konnte, weil die Maßstäbe fehlten. So entstanden die ein wenig scheuen und wenig treffenden Vergleiche mit James
Joyces *>Ulysses<* und Marcel Prousts *>A la recherche du
temps perdu<*, mit Balzacs *>Comédie humaine<* und Vol-
taires *>Candide<*. Man zählte Musil zur besten Gesellschaft, las ihn aber kaum, und es entstand ein recht
merkwürdiger Ruhm, der ihm Kopfzerbrechen machte:

MUSIL »Dieser wunderliche Ruf! Er ist stark, aber nicht
laut. Ich bin oft gezwungen worden, über ihn nachzu-
denken: er ist das paradoxeste Beispiel von Dasein und
Nichtdasein einer Erscheinung. Er ist nicht der große
Ruf, den Schriftsteller genießen, in denen sich der
Durchschnitt (wenn auch verfeinert) spiegelt; es ist
nicht der Spezialistenruf der literarischen Konventikel-
größe. Ich wage von meinem Ruf (nicht von mir) zu be-

haupten, daß er der eines großen Dichters ist, der kleine Auflagen hat. Es fehlt ihm das soziale Gewicht . . . Es fehlen mir die Zehntausende, die bei anderen gerade noch mitkönnen oder mitmüssen.«[1]

1. SPRECHER Zu lesen auf einem Blatt, das mit den Worten »Ich kann nicht weiter« überschrieben ist. »Ich kann nicht weiter . . .« – was dahinter steht, ist erschütternd: das jahrzehntelange und zuletzt zum Scheitern verurteilte Bemühen, dieses *eine* Buch zu Ende zu führen, auf das es ihm ankam, und der verzweifelte Existenzkampf eines Dichters, dem seine Nation nicht gestattete, ihr als Dichter zu dienen – wie er sich bitter ausdrückte.

2. SPRECHER Musil kam aus einer gutsituierten alt-österreichischen Beamten-, Gelehrten-, Ingenieurs- und Offiziersfamilie. Sein Vater war lange Zeit Ordinarius an der Brünner Technischen Hochschule gewesen und wurde später, als Rat am Patentgerichtshof, in den Adelsstand erhoben. Seine Mutter war die Tochter eines der Erbauer der ersten kontinentalen Eisenbahn, Linz – Budweis. Wie viele Söhne aus großbürgerlichem Milieu wurde er in eine Militärerziehungsanstalt –

1. SPRECHER – die Welt der Verwirrungen des Zöglings Törless –

2. SPRECHER – gesteckt und auf die Laufbahn eines k. und k. Offiziers vorbereitet. Aber noch ehe er avancierte, sprang er ab. Beim Studium des Artilleriewesens hatte' er seine technischen Fähigkeiten entdeckt. Er wechselt zum Maschinenbaustudium über, macht die Ingenieursstaatsprüfung und wird Assistent an der Technischen Hochschule Stuttgart.

1. SPRECHER Daß wir den Lebenslauf des Dichters verfolgen, geschieht nicht einer fragwürdigen Gründlichkeit wegen, sondern in bestimmter Absicht. Denn Ulrich, der Mann ohne Eigenschaften, mit dessen Botschaft wir uns zu beschäftigen haben, [hat] nahezu unverschleiert die

Stationen von Musils Leben durchlaufen, ehe wir in sein Leben treten. Wenn Ulrich an diese Zeit zurückdenkt, so nennt er sie einen seiner Versuche, ein bedeutender Mann zu werden. Ein Versuch, der zwischen anderen mißlingt, dem er jedoch die ersten Ansätze zu seiner Moral verdankt.

MUSIL »Ulrich war, als er die Lehrsäle der Mechanik betrat, vom ersten Augenblick an fieberhaft befangen. Wozu braucht man noch den Apollon von Belvedere, wenn man die neuen Formen eines Turbodynamo oder das Gliederspiel einer Dampfmaschinensteuerung vor Augen hat! Wen soll das tausendjährige Gerede darüber, was gut und böse sei, fesseln, wenn sich herausgestellt hat, daß das gar keine ›Konstanten‹ sind, sondern ›Funktionswerte‹, so daß die Güte der Werke von den geschichtlichen Umständen abhängt und die Güte der Menschen von dem psychotechnischen Geschick, mit dem man ihre Eigenschaften auswertet.«[2]

1. SPRECHER Mit einem Wort: Ulrich hatte, wie einmal auch der Dichter selbst, eine kraftvolle Vorstellung vom Wesen des Ingenieurs entwickelt. Die Männer der Technik, die er kennenlernte, hatten den Militärs einige Vorzüge voraus: sie besaßen eine bewundernswerte Tüchtigkeit und Kühnheit und brachten die Welt in jeder Stunde um einen Schritt weiter, aber . . . Etwas fiel ihm störend an ihnen auf. Daß ihr Fühlen und Denken mit dieser Spezialistenkühnheit keineswegs Schritt hielt. Sie steckten sich zum Beispiel »Busennadeln mit Hirschzähnen« oder kleine Hufeisen in die Krawatten, sie trugen Anzüge, die an die Anfänge des Automobils erinnerten, ja sie dachten so wenig daran, die Kühnheit ihrer Gedanken auch auf sich selbst anzuwenden, sie hätten es abgelehnt –

MUSIL ». . . wie die Zumutung, von einem Hammer den widernatürlichen Gebrauch eines Mörders zu machen!«[3]

2. SPRECHER Musil änderte noch einmal seinen Berufs-
plan: Er ging von Stuttgart nach Berlin und studierte bei
Carl Stumpf, dem bedeutenden Experimentalpsycholo-
gen, Logik und experimentelle Psychologie, mit dem Erfolg, daß wenige Jahre später seine Berufung als Dozent
an den Universitäten München und Graz zur Diskussion
stand.

1. SPRECHER Auf den Mann ohne Eigenschaften über-
tragen gesehen, erscheint diese Zeit als der wichtigste
Versuch. Ulrich macht ein ähnliches Denktraining als
Mathematiker durch. Er machte es durch, weil er
»menschlich verliebt« war in ihr messerscharfes, messer-
kühles Denken. Und er liebte sie wegen der Menschen,
die sie »nicht ausstehen« konnten, jener Typen wegen –

MUSIL ». . . die den Zusammenbruch der europäischen
Kultur ihr, als der Mutter der exakten Naturwissenschaft, als der Großmutter der Technik, als auch der
Erzmutter jenes Geistes, aus dem schließlich Giftgase
und Kampfflieger aufgestiegen sind, in die Schuhe scho-
ben. *Er* begriff sie als den Ursprung einer ungeheuer-
lichen geistigen Umgestaltung für eine Wissenschaft, die
stark und mutig vor Gott eine Falte seines Mantels nach
der anderen öffnet.«

»Und Ulrich fühlte: die Menschen wissen das bloß
nicht; sie haben keine Ahnung, *wie* man schon denken
kann; wenn man sie neu denken lehren könnte, würden
sie auch anders leben.«[4]

2. SPRECHER Trotz des ehrenvollen Angebots schlug
Musil die Dozentur aus. Er hatte inzwischen ›*Die Verwirrungen des Zöglings Törless*‹ geschrieben und fühlte,
daß er nur mehr einen Weg gehen konnte.

1. SPRECHER Dieser Weg bot keine Garantie – nicht bür-
gerliche Sicherheit, nicht stetiges Vorwärtskommen – er
bot ihm nichts als unauslöschliche Zweifel und heimliche
Gewißheit, Enttäuschung, Einsamkeit und jenes Glück

im Unglück, die Entfernung aus der Zeit den Geistern, die sie repräsentieren, bringt. Was weiter geschieht, ist zufällig:

2. SPRECHER   Er lebt als Bibliothekar in Wien, bis der erste Weltkrieg ausbricht, den er an der italienischen Front mitmacht. Nach dem Krieg wird er Fachbeirat im Bundesministerium für Heereswesen und geht schließlich nach Berlin, in dem in diesen Jahren – es ist die Zeit der Weimarer Republik – die Spannungen und Konflikte des deutschen Geisteslebens am spürbarsten sind. Nach der Machtübernahme durch Hitler kehrt er, ohne äußeren Zwang, niedergeschlagen nach Wien zurück und nimmt die Arbeit am ›*Mann ohne Eigenschaften*‹ wieder auf, dessen erste Bände nun erschienen sind. Jetzt ist er freier Schriftsteller, in des Wortes bitterster Bedeutung. Sein Vermögen war in der Inflation verloren gegangen. Das Jahr 1938 ist da. Er gehört zu den wenigen, die Österreich freiwillig verlassen und das Schicksal der meisten politischen und jüdischen Emigranten teilen. Unbekannt, ohne Mittel, ohne Freunde, lebt er in Zürich, ein Namenloser, einer der vielzuvielen unerbetenen Gäste. Dann in Genf bis zu seinem Tod am 15. April 1942. Nur acht Menschen verabschiedeten sich auf dem Friedhof Saint Georges von ihm. Erst als seine Witwe den Nachlaßband zur Subskription ausschrieb, kam das Gespräch über Musil wieder in Gang. Aber es sollte noch nahezu zehn Jahre dauern, bis es Deutschland erreichte.

1. SPRECHER   Und dieser selbe Mann hatte einmal in der Emigration geschrieben:

MUSIL   »Ich widme diesen Roman der deutschen Jugend . . . der, welche in einiger Zeit kommen wird und genau dort wird anfangen müssen, wo wir . . . aufgehört haben . . . Dieser Roman spielt vor 1914, zu einer Zeit also, welche junge Menschen gar nicht mehr kennen.

Und er beschreibt nicht diese Zeit, wie sie wirklich war, so daß man sie daraus kennen lernen könnte. Sondern er beschreibt sie, wie sie sich in einem unmaßgeblichen Menschen spiegelt.«[5]

1. SPRECHER   Was geht dieser Roman also Menschen von heute an? Aber sehen wir uns erst einmal diesen unmaßgeblichen Menschen an, von dem wir wissen, daß er Ulrich heißt und in dem sich die Welt seiner Zeit spiegelt. Erlösen wir den Spiegelmenschen, indem wir selbst in den Spiegel tauchen und die Welt ansehen und annehmen als Exempel und nicht als Wirklichkeit.

2. SPRECHER   Ein junger Mann, von dem wir wissen, daß er ein unmaßgeblicher Mensch ist – nicht anders als wir – und daß er sich mit verschiedenen Berufsplänen herumgeschlagen hat, kehrt eines Tags, im Jahre 1913, nach Wien zurück, in einem Augenblick, in dem sein Leben ins Nichts zu führen scheint. Er erinnert sich, daß man der Heimat die geheimnisvolle Fähigkeit zuschreibt, den Menschen Wurzeln schlagen zu lassen –

MUSIL   ». . . und er ließ sich auf ihr mit dem Gefühl eines Wanderers nieder, der sich für die Ewigkeit auf eine Bank setzt, obgleich er ahnt, daß er sofort wieder aufstehen wird.«[6]

2. SPRECHER   Da seine Mittel es erlauben, mietet er sich in einem kleinen Palais ein und beschließt, ein Jahr Urlaub von seinem Leben zu nehmen.

1. SPRECHER   Urlaub von seinem Leben nehmen, das heißt: nichts tun. Und das ist für einen gesunden jungen Mann, der eine Menge nützlicher Dinge tun kann, beinahe etwas Verbotenes. Aber Ulrich schien es eine »Anstrengung« wert zu sein, ein Jahr lang nichts zu tun.

2. SPRECHER   Wie mag wohl ein junger Mann beschaffen sein, der es eine »Anstrengung« nennt, gar nichts zu tun?

1. SPRECHER   Nun – er ist, sagen wir, ein recht unpraktischer Mann, der im Verkehr mit Menschen unberechen-

bar sein wird und völlig spleenige Dinge treibt. Er ist – sagen wir – ein Mann ohne Eigenschaften.

2. SPRECHER   Es wird Zeit, daß wir endlich zu definieren versuchen, was ein Mann ohne Eigenschaften ist. Der Ausdruck verführt zu den verschiedenartigsten Assoziationen – vom Menschen aus der Retorte bis zum Menschen ohne Charakter.

1. SPRECHER   Ulrich ist weder das eine noch das andre, er hat nur, kurz gesagt, mehr Möglichkeitssinn als Wirklichkeitssinn, und diese Eigenschaft – nein, nicht Eigenschaft, sonst hätte er doch eine – macht ihn zu einem Mann ohne Eigenschaften. Als Mann ohne Eigenschaften steht er unter einer doppelten Kontrolle: der seines disziplinierten Denkens und der seiner Sensibilität in den Dingen des Gefühls. Natürlich hat er auch Wirklichkeitssinn, denn er ist weder ein Phantast, noch ein Idealist, der zur Flucht aus der Wirklichkeit neigt. Aber sein Sinn für die noch nicht geborene Wirklichkeit, also die Möglichkeit, treibt ihn zu einem geistigen Kampf, der vor den Linien der Wirklichkeit für eine neu zu schaffende ausgefochten wird. Er ist, man wird es sagen müssen, auf die Gefahr hin, ihn einem Mißverständnis auszusetzen, ein Utopist. Ulrich hat früh erkannt, daß seine Zeit mit dem Wissen, das sie jeder anderen voraus hat, mit diesem ungeheuren Wissen, unfähig zu sein scheint, in das historische Geschehen einzugreifen. Und den Grund, daß es so ist, sieht er darin, daß die Wirklichkeit heute nur zu einem geringen Teil von den Menschen selbst geschaffen wird; die Menschen sind nicht mehr schöpferisch, weil sie zu einem Häufchen von Eigenschaften und Gewohnheiten geworden sind und in einem hergebrachten Schematismus *erleben*. Ja, sie sind nicht mehr fähig, *selbst* zu erleben. Und so charakterisiert Musil diese Zeitkrankheit:

MUSIL   »Ihre Erlebnisse sind aufs Theater gegangen, in

die Bücher, in die Berichte der Forschungsstätten und Forschungsreisen, in die Gesinnungs- und Religionsgemeinschaften, die bestimmte Arten des Erlebens auf Kosten der anderen ausbilden, wie in einem sozialen Experimentalversuch ... Wer kann da heute noch sagen, daß sein Zorn wirklich Zorn ist, wo ihm soviele Leute dreinreden und es besser verstehen als er?! Es ist eine Welt von Eigenschaften ohne Mann entstanden, von Erlebnissen ohne den, der sie erlebt ...«[7]

1. SPRECHER Ulrich entdeckt nun an sich, daß er es »gleich nah und weit« zu allen Eigenschaften hat, die andre haben, daß sie ihm aber alle herzlich gleichgültig sind. Er ist fähig, den Wert einer Handlung oder den Wert einer Eigenschaft abzulösen von den Zielen, [denen] sie dienen und herauszulösen aus den Verbindungen, in [die] sie geraten sind. Er besieht sie sich gründlich und untersucht sie wie ein Anatom.

MUSIL »Ein Charakter, ein Beruf, eine feste Wesensart, das sind für ihn Vorstellungen, in denen sich schon das Gerippe durchzeichnet, das von ihm übrig bleiben soll.«[8]

1. SPRECHER Davor nun schaudert ihn. – Ulrich, Musils Held, kommt – man darf es ruhig annehmen – natürlich auch aus einer Familie, die wir schon kennen. Er ist, bis zu einem gewissen Grad, ein Nachfahr des *Schwierigen* von Hofmannsthal und ein Nachfahr auch aller liebenswürdigen und unliebenswürdigen Unzufriedenen, die Nestroysche Luft geatmet haben. Er hat die Schärfe des Sehens, die im Wiener Klima manchmal gediehen ist, die Neigung zur tödlichen Kritik und Selbstkritik, und er bewegt sich, wie einige andre würdige Geister vor ihm, über dem unheimlichen Sog, der verschwiegen wird und an den er sich verloren weiß, sobald sein Bewußtsein und seine Skepsis ihn verlassen. Von solchen Ahnen und aus solcher Luft bringt er die uneingestandene Disposition zum Selbstmörder oder Mystiker, die Disposi-

15

tion zur Ironie und zum »Nicht-originellseinwollen« und – last not least – zur Metaphysikfeindlichkeit mit.

2. SPRECHER Die Familie dieser »Schwierigen«, zu denen auch Ulrich gehört, war in dem Land zuhause, das in unseren Geschichtsbüchern konserviert ist, weil es zu existieren aufgehört hat, in einem Staat, der schon zu seinen Lebzeiten selbst »irgendwie nur noch mitmachte« – in der Österreichisch-Ungarischen Monarchie. Aber es ist müßig, über dieses Land etwas zu sagen, seit Musil das Treffendste darüber gesagt hat:

MUSIL »Dort, in Kakanien, diesem . . . untergegangenen, unverstandenen Staat, der in so vielem ohne Anerkennung vorbildlich gewesen ist, gab es auch Tempo, aber nicht zuviel Tempo . . . Natürlich rollten auf diesen Straßen auch Automobile, aber nicht zuviel Automobile! Man bereitete die Eroberung der Luft vor, auch hier; aber nicht zu intensiv. Man ließ hie und da ein Schiff nach Südamerika oder Ostasien fahren; aber nicht zu oft.«[9]

1. SPRECHER Dort in Kakanien . . .

MUSIL »Es nannte sich schriftlich Österreichisch-Ungarische Monarchie und ließ sich mündlich Österreich rufen; mit einem Namen also, den es mit feierlichem Staatsschwur abgelegt hatte, aber in allen Gefühlsangelegenheiten beibehielt, zum Zeichen, daß Gefühle ebenso wichtig sind wie Staatsrecht und Vorschriften nicht den wirklichen Lebensernst bedeuten. Es war nach seiner Verfassung liberal, aber es wurde klerikal regiert. Es wurde klerikal regiert, aber man lebte freisinnig.«[10]

1. SPRECHER Zu seinen nationalen Kämpfen:

MUSIL »Sie waren so heftig, daß ihretwegen die Staatsmaschine mehrmals im Jahr stockte und stillstand, aber in den Zwischenzeiten und Staatspausen kam man ausgezeichnet miteinander aus . . .«[11]

1. SPRECHER Dort in Kakanien hat Musil die »Parallel-

aktion« angesiedelt – die zentrale Handlung des Romans, sofern man von einer »Handlung« überhaupt sprechen kann. Mit der Geschichte dieses weitläufig organisierten kulturpolitischen Unternehmens, dieser Rettungsaktion für die geistigen »Werte des Abendlandes«, wird das individuelle Schicksal des Helden verknüpft. Daß diese makabre patriotische Unternehmung in die Donaumonarchie verlegt wurde, die Musil mit soviel Kenntnis, soviel heimlicher Liebe und furchtbarer Kritik gezeichnet hat, würde nun vermuten lassen, daß wir es mit einem historischen Roman zu tun haben, dem Schwanengesang auf das sterbende Kakanien. Aber Musil hat selbst einmal versucht, sein Werk zu definieren, um möglichen Irrtümern vorzubeugen.

MUSIL »Es ist nicht der seit Menschengedenken erwartete große österreichische Roman ...

Es ist keine Zeitschilderung, in der sich Herr ... erkennt, wie er leibt und lebt ...

Es ist kein Bekenntnis, sondern eine Satire ...

Es ist keine Satire, sondern eine positive Konstruktion ...«[12]

2. SPRECHER Allerdings ist der erste Teil des Romans ein gutes Stück Satire und Zeitkritik. Er führt uns durch das Labyrinth der herrschenden abgewirtschafteten Ideen, und wir lernen die Vertreter dieser Ideen kennen, die den Zusammenbruch der Kultur verständlich machen.

1. SPRECHER Inkarnationen von Weltanschauungstypen könnte man alle Figuren des Romans, mit Ausnahme Ulrichs, nennen. Lassen wir sie Revue passieren:

2. SPRECHER Der »Großschriftsteller« Arnheim: seine Lieblingsvorstellung ist, die Geschäfte nur im Zusammenhang mit geistigen Fragen zu behandeln, die Maeterlincksche oder Bergsonsche Philosophie zum Beispiel anzuwenden auf die Fragen von Kohlenpreis und Kartellierungspolitik. Seine eigene Zeit findet er entgöttert

und spricht daher gern über die notwendige Organisierung der inneren Zartheit, um die Menschheit vor Seelenlosigkeit zu retten. Er reist viel, wird [von] Ministern empfangen, hält Vorträge, sitzt in allen Preisgerichten, unterzeichnet alle Aufrufe, schreibt alle Vorworte, hält alle Geburtstagsreden, äußert sich zu allen wichtigen Ereignissen, bekämpft berufsmäßig den Ungeist der Zeit und zeigt Geist. Seine innere Schwierigkeit: er handelt kaufmännisch und spricht von ideellen Gesichtspunkten – ein Verwalter der Großindustrie des Geistes unserer Zeit.

1. SPRECHER General Stumm von Bordwehr, Leiter der Abteilung für Militär-, Bildungs- und Erziehungswesen im Kriegsministerium –

2. SPRECHER – mit der Aufgabe betraut, in der »Parallelaktion« ein »bißl aufzupassen, was da vorgehe« und interessiert daran, die wichtigsten »Zivilfragen« der Welt kennenzulernen. Kunst- und Musikliebhaber, dem eine breite, volkstümliche Teilnahme an den Fragen des Heeres und seiner Bewaffnung als würdiges Menschheitsziel vorschwebt. Sein letzter Rat an die Parallelaktion: wenn man schon keine Weltfriedenskonferenz einberufe, könnte man wenigstens für alle Fälle die Armee und die Flotte aufrüsten.

1. SPRECHER Graf Leinsdorf:

2. SPRECHER Der wahre Erfinder der Parallelaktion, ein typisch österreichischer Aristokrat; bestrebt, »Realpolitik« zu treiben. Das heißt, nach seiner Meinung:

MUSIL »Gerade das nicht tun, was man gern möchte; dagegen kann man die Menschen gewinnen, indem man ihnen kleine Wünsche erfüllt!«[13]

2. SPRECHER Er will nicht schöne Ideen verwirklichen, sondern –

MUSIL ». . . das Volk auf die Beine stellen!«

2. SPRECHER Das heißt nach seiner Meinung: auf alle

Vorschläge mit dem Vorschlag antworten, einen Verein zu bilden, denn –

MUSIL   ». . . wenn viele Leute für etwas sind, kann man schon ziemlich sicher sein, daß etwas daraus wird.«[14]

2. SPRECHER   Mit einem Wort, er verfügte über feste, gesunde politische Ansichten, glaubte an die notwendige rücksichtsvolle Einordnung jedes Menschen in das Staatswesen, glaubte, daß das Volk »gut« sei, und führte alle seine weniger gutartigen Willensäußerungen auf »hetzerische Elemente« zurück.

1. SPRECHER   Der jüdische Bankdirektor Fischel hingegen –

2. SPRECHER   – ein Repräsentant des Wirtschaftslebens, der der vaterländischen Aktion mißtrauisch gegenübersteht, hat in seinem eigenen Haus gegen den christgermanischen Freundeskreis seiner Tochter und dessen offen zur Schau getragenen Antisemitismus einen tragischen Kampf auszutragen. Einst ein geachteter Freigeist, sieht er sich plötzlich zu einem »jüdischen Kapitalisten« gestempelt. Davon abgesehen glaubt er an einen Fortschritt, der irgendwie dem Bild der fortschreitenden Rentabilität seiner Bank ähneln mußte, und –

MUSIL   »Als Mann, der in seinem Fach tüchtig war, wußte er natürlich, daß man nur dort, wo man sich wirklich sehr genau auskennt, eine Überzeugung haben kann, . . . die ungeheure Ausbreitung der Tätigkeiten läßt ihre Bildung anderswo nicht zu.«[15]

1. SPRECHER   Universitätsprofessor Lindner, genannt der »Tugut« –

2. SPRECHER   – verwandelt alles, womit er in Berührung kommt, in eine sittliche Forderung. Seine Charakter- und Körperübungen zur Erhaltung seiner Persönlichkeit verhindern nicht, daß er sich, wie peinlich, in die »moralisch schwachsinnige« schöne Schwester Ulrichs verliebt und daß ihm, unter seinem Tugendregime, die Erzie-

hung seines Sohnes mißlingt, der bald einen Typ einer kommenden Generation abgeben wird, als Resultat der Auflehnung gegen ihre pharisäischen Väter: er selbst würde ihn, mit einem Wort seines Vokabulars, als Tunichtgut bezeichnen.

1. SPRECHER Der Reigen geht weiter, über den Sozialisten Schmeißer und den Homosexuellen Meingast, hinter dem der Philosoph Klages zu suchen ist, zu dem ehrgeizigen jungen Dichter Friedel Feuermaul mit seinen schwülstigen »Der Mensch ist gut«-Ausbrüchen. Für dieses Portrait soll Musil Franz Werfel gestanden haben. Zu den wichtigsten Figuren gehören jedoch zweifellos der Prostituiertenmörder Moosbrugger und die zwielichtige Gestalt der Jugendfreundin Ulrichs, Clarisse. Zwei pathologische Figuren, zwei extreme Inkarnationen der Zeitkrankheit.

Moosbruggers Bedeutung für den Roman macht eine Notiz Musils deutlich:

MUSIL »Nationen haben einen unzurechnungsfähigen Geist... Vergleich mit Irrsinnigen. Sie wollen nicht. Aber sie tun einander.«[16]

2. SPRECHER Moosbrugger steht auf der Nachtseite des Lebens. Seine Welt ist eine mystische. Er ist ein entsprungenes Zeichen der Ordnung, ein Bild, das aber nicht fremder ist als die anderen Bilder der Welt. Und da er stellvertretend für die Menschheit leidet, wie Clarisse meint, trägt er mit an der religiösen Problematik des Romans –

1. SPRECHER – eine Problematik, die Musil bestätigt, wenn er sagt, daß dieses Buch religiös ist, aber unter den Voraussetzungen der Ungläubigen.

2. SPRECHER Clarisse schließlich, besessen von der Ideenwelt Nietzsches und Klages', getrieben von Erlösungssehnsucht, verfällt dem Wahnsinn. In ihr mischen [sich] die widersprechendsten religiösen Tendenzen – sie

fühlt als Übermensch und als der große Hermaphrodit, als Doppelwesen aus Frau und Mann, sie will nicht »eins« sein, wie Ulrich und Agathe, sondern »zwei«; sie ist aber auch Christus und will die Leidensstationen nachvollziehen und meint, bis zum Zusammenbruch, unter immer gesteigerten irrsinnigen Opferhandlungen die Sünden der Welt auf sich nehmen zu können.

1. SPRECHER Einen Riesenschatten des Untergangs hat Musil über den ganzen Roman gelegt. Einen Schatten, der von den Menschen auf das Land und von dem Land auf die Menschen fällt. Aber die Monarchie wird von Musil ausdrücklich nur als ein besonders deutlicher Fall der modernen Welt bezeichnet, weil sie der erste Staat war, dem Gott den Glauben an seine Aufgabe genommen hatte. Sie steht, mit ihrem inneren und äußeren Zusammenbruch, für das Schicksal der modernen Welt überhaupt. Auch Ulrichs Gegenspieler, der Preuße Arnheim, hinter dem Rathenau zu suchen ist und der, wie die Figuren um den schöngeistigen Salon der Wienerin Diotima, menschliche und politische Verwirrungen trägt, vertritt in diesem kleinen Welttheater nur das Schicksal Deutschlands, um das Schicksal Europas sichtbar zu machen.

So werden wir darauf verzichten müssen, auf den äußeren Handlungskomplex einzugehen, der für jeden Leser zum primär Reizvollsten des ganzen Werkes gehört, mit seinen hinreißenden Milieuporträts und Menschenschilderungen, seinem schwarzen Humor und seiner bitteren Komik. Denn er ist nur Anlaß für den Dichter – Anlaß für einen kühnen geschichtsphilosophischen Versuch, der sich in die schöne Literatur verirrt hat.

2. SPRECHER Tatsächlich hat das Buch mit erzählender Prosa wenig zu tun. Es wird nahezu erdrückt von dem Übermaß an Reflexion, von der Mittelbarkeit der Darstellung. Es ist ein Konglomerat von Essays, Aphoris-

men, den inneren Monologen Ulrichs und zwei Dutzend Nebenfiguren.

1. SPRECHER Und es ist doch durchkomponiert und durchstrukturiert wie kein andres Buch dieses Jahrhunderts. Musil ist ein Stratege des Geistes, der mit der faszinierendsten Intelligenz an der Ausführung seines Plans arbeitet, mit allen Sprachmitteln, mit jedem möglichen Stil, mit jeder Bewußtseinsverschiebung, mit jeder Erlebnismöglichkeit. Und er wird getrieben von der kältesten und absonderlichsten Leidenschaft.

MUSIL »Dieses Buch hat eine Leidenschaft, die im Gebiet der schönen Literatur heute einigermaßen deplaziert ist, die nach Richtigkeit, Genauigkeit.«[17]

2. SPRECHER Schon einige Jahre ehe sich Robert Musil an die Arbeit an seinem großen Roman machte, hatte er in einer Zeitschrift eine kulturkritische Abhandlung unter dem Titel ›Das hilflose Europa‹ veröffentlicht. Damals sprach er sich zum ersten Mal entschieden gegen den noch heute weit verbreiteten Gedanken aus, daß die »Krise« Europas durch die zunehmende Mechanisierung des Daseins entstanden sei, daß der Gebrauch unseres Verstands, die zunehmenden Erkenntnisse des wissenschaftlichen Denkens und in der Folge dazu die moderne Technik, zur seelischen Zersetzung führe und »an allem« schuld sei. Er vertrat im Gegensatz dazu den Standpunkt, daß, was eben nicht mehr intakt sei, nicht länger bewahrt werden könne und daß der Verstand nichts zersetzen könne, was nicht schon zersetzt sei.

MUSIL »Es kann sich also gar nicht um anderes handeln als um ein Mißverhältnis, ein Aneinandervorbeileben von Verstand und Seele. Wir haben nicht zuviel Verstand und zu wenig Seele, sondern wir haben zu wenig Verstand in den Fragen der Seele.«[18]

1. SPRECHER Dieser Einsicht liegt Ulrichs Konflikt zugrunde. Von diesem Gedanken nehmen auch Ulrichs

Gedanken ihren Ausgang. Und obwohl er als »Mann ohne Eigenschaften« konzipiert ist, als ein Held also, dem die Voraussetzung zu handeln fehlt, beginnt er sich, von diesem Gedanken in Bewegung gesetzt, in ein Abenteuer zu stürzen, das als Abenteuer eines Romanhelden vollkommen neu ist. Er beschließt, das Denken und Handeln wieder zu aktivieren, »anstatt mit den Wölfen zu heulen«.

2. SPRECHER Diesem etwas theoretisch anmutenden Unternehmen geht die Überlegung voraus, daß die Reaktivierung nur aus einer neuen Moral –

1. SPRECHER – und da die Wurzel der Moral der Glaube ist, nur aus einem neuen Glauben kommen kann.

2. SPRECHER Der Mann ohne Eigenschaften macht sich nun nicht auf die Suche nach dem verlorenen Glauben und der verlorenen Moral, sondern experimentiert mutig, und, wenn es sein muß, vorsichtig, an der Entfesselung einer geistigen Atomenergie. Und er macht Kräfte frei, die er und seine Zeit nur noch nicht nützen können.

Aber verstehen wir es richtig: ein Konflikt ist immer ein moralischer Konflikt, und Ulrich, den Musil ironisch zu den »moralisch schwachsinnigen Dekadents« zählt, trägt zum Unterschied von den anderen Gestalten des Buchs einen Konflikt aus, der vor allen Konflikten liegt. Es geht ihm um die »Moral der Moral«, weil unsere Moral sich in einem um Jahrhunderte verspäteten Denkzustand befindet. Die moralischen Werte, an denen sich seine ganze Umgebung zu orientieren versucht, erkennt Ulrich als »Funktionsbegriffe«. Das heißt: die gleiche Handlung kann gut und böse sein, und im Endeffekt zeigt sich als einziges Charakteristikum der europäischen Moral, daß sich ihre Gebote hilflos widersprechen.

In einer der ersten Begegnungen mit seiner Schwester Agathe läßt Ulrich sich zum ersten Mal hinreißen, diese Dinge auszusprechen:

ULRICH »Du hast mich gefragt, was ich glaube ... Ich glaube, daß alle Vorschriften unserer Moral Zugeständnisse an eine Gesellschaft von Wilden sind.

Ich glaube, daß keine richtig sind.

Ein anderer Sinn schimmert dahinter. Ein Feuer, das sie umschmelzen sollte.

Ich glaube, daß nichts zu Ende ist.

Ich glaube, daß nichts im Gleichgewicht steht, sondern daß alles sich aneinander erst heben möchte.

Das glaube ich; das ist mit mir geboren worden oder ich mit ihm ...

Ich bin, wie es scheint, ohne mein Zutun mit einer anderen Moral geboren worden.

Du hast mich gefragt, was ich glaube! Ich glaube, man kann mir tausendmal aus den geltenden Gründen beweisen, etwas sei gut oder schön, es wird mir gleichgültig bleiben, und ich werde mich einzig und allein nach dem Zeichen richten, ob mich seine Nähe steigen oder sinken macht.

Ob ich davon zum Leben geweckt werde oder nicht.

Ob bloß meine Zunge davon redet und mein Gehirn oder der strahlende Schauder in meiner Fingerspitze.

Aber ich kann auch nichts beweisen.

Und ich bin sogar davon überzeugt, daß ein Mensch, der dem nachgibt, verloren ist. Er gerät in Dämmerung. In Nebel und Quatsch. In gliederlose Langeweile.

Wenn du das Eindeutige aus unserem Leben fortnimmst, so bleibt ein Karpfenteich ohne Hecht.

Ich glaube, daß das Hundsgemeine dann sogar unser guter Geist ist, der uns schützt!

Ich glaube also nicht!

Ich glaube aber vor allem nicht an die Bindung von Bös durch Gut, die unser Kulturgemisch darstellt: das ist mir widerwärtig!

. . . .

Aber ich glaube vielleicht, daß die Menschen in einiger Zeit einesteils sehr intelligent, andernteils Mystiker sein werden. Vielleicht geschieht es, daß sich unsere Moral schon heute in diese zwei Bestandteile zerlegt. Ich könnte auch sagen: in Mathematik und Mystik. In praktische Melioration und unbekanntes Abenteuer!«[19]

1. SPRECHER Das unbekannte Abenteuer nimmt Ulrich mit seiner Schwester Agathe auf sich.

2. SPRECHER Er hat sie seit seiner Kindheit nicht wiedergesehen und trifft sie beim Begräbnis seines Vaters in einem Augenblick wieder, wo auch ihr Leben ins Nichts zu verlaufen beginnt. Zwischen den beiden beginnt eine wundersame, scheue Zuneigung. Ulrich zieht sich aus dem Kulturbetrieb immer mehr zurück und entdeckt in Agathe den siamesischen Zwilling, die schattenhafte Verdoppelung seiner selbst.

1. SPRECHER Sein Weg des Denkens fällt mit dem der Liebe zusammen, und was nun geschieht, ist nicht der Ablauf einer Liebesgeschichte, sondern der der »letzten Liebesgeschichte«. Bruder und Schwester geraten auf einen Weg, der mit dem der »Gottergriffenen« vieles gemeinsam hat. Sie beschäftigen sich mit den Zeugnissen großer Mystiker, um dahinter zu kommen, wie Bewußtsein und Welt entgrenzt werden können, und für eine kurze Zeit erreichen sie den »anderen Zustand«, in dem sie moralisch in einen Uratomzustand aufgelöst werden – den »anderen Zustand«.

2. SPRECHER In einem unveröffentlichten Gedicht aus dem Nachlaß, ›Isis und Osiris‹, variiert Musil das Thema der Geschwisterliebe ‹. . .›

MUSIL Auf den Blättern der Sterne lag der Knabe
Mond in silberner Ruh,
Und des Sonnenrades Nabe
Drehte sich und sah ihm zu.

Von der Wüste blies der rote Wind,
Und die Küsten leer von Segeln sind.

Und die Schwester löste von dem Schläfer
Leise das Geschlecht und aß es auf.
Und sie gab ihr weiches Herz, das rote,
Ihm dafür und legte es ihm auf.
    Und die Wunde wuchs im Traum zurecht.
    Und sie aß das liebliche Geschlecht.

Sieh, da donnerte die Sonne,
Als der Schläfer aus dem Schlafe schrak,
Sterne schwankten, so wie Boote
Bäumen, die an Ketten sind,
Wenn der große Sturm beginnt.

Sieh, da stürmten seine Brüder
Hinter holdem Räuber drein,
Und er warf den Bogen über,
Und der blaue Raum brach ein,
Wald brach unter ihrem Tritt,
Und die Sterne liefen ängstlich mit.
    Doch die Zarte mit den Vogelschultern
    Holte keiner ein, so weit er lief.

Nur der Knabe, den sie in den Nächten rief,
Findet sie, wenn Mond und Sonne wechseln,
Aller hundert Brüder dieser eine,
Und er ißt ihr Herz, und sie das seine.[20]

1. SPRECHER alle Gedanken Ulrichs kreisen jetzt um die
Frage: was läßt sich überhaupt glauben? Mystik als be-
ständige Gottergriffenheit erscheint ihm »liederlich«: er
bildet den Begriff einer »taghellen Mystik« – als Möglichkeit einer vorübergehenden Abweichung von der ge-

wohnten Ordnung des Erlebens. Diese Abweichung in eine direkte Wendung zu Gott überzuführen, widerstrebt ihm. Als Wissenschaftler weiß er, daß sie das Erkennen nicht fördern kann. Ja, jede Wendung, wenn sie fruchtbar sein will, muß auf das »Ahnen nach bestem Wissen« geschehen. Alles andre, ruft er eines Tags der Schwester zu:

ULRICH »Das ist nur wie die Wachsflügel des Ikaros, die in der Höhe zerschmelzen. Will man nicht bloß im Traum fliegen, so muß man es auf Metallflügeln erlernen!«[21]

1. SPRECHER Der Rückgriff des Manns ohne Eigenschaften auf die Idee vom tausendjährigen Reich, sein Verlangen nach dem »anderen Zustand«, der »unio mystica«, ist weniger befremdend, wenn man sie mit [Ulrich] als eine mögliche Utopie begreift. Und diese Utopie nicht als Ziel, sondern als Richtung vor Augen hat. Denn Musils Denken ist zielfeindlich, beweglich. Es rennt gegen die herrschenden Ordnungen an, in denen jedes Ding nur mehr ein Einzelfall seiner Möglichkeiten ist. Ja, jede Ordnung erscheint ihm absurd und wachsfigurenhaft, wenn man sie über ihre Zeit hinaus ernst nimmt und an ihr festhält. Er bevorzugt die Überlegung, daß die Welt – als Ordnung – nur eine von x Versuchen sei und Gott vielleicht Teillösungen gebe – eine Teillösung, aus der die Welt immer wieder eine relative Totale bilde, der aber keine Lösung entspricht. Gott freilich ist zweifelhaft. Man muß sich der Ahnung überlassen.

‹. . .›

2. SPRECHER Welche Bedeutung kommt nun der Utopie dieses »anderen Zustands« zu? Äußerlich vollzieht sie sich so, daß die Geschwister zur Flucht aus der Welt tendieren; sie verreisen nach Italien. Diese »Reise ins Paradies« empfindet Ulrich als etwas tief mit seiner Ablehnung der Welt Zusammenhängendes und als ein Ex-

periment, bei dessen Scheitern er beschlossen hat, sich das Leben zu nehmen.

1. SPRECHER Um es vorwegzunehmen: das Experiment scheitert und damit die Utopie des »anderen Zustands«, und Ulrich findet plötzlich den Grund nicht mehr, sich töten zu müssen. Die Geschwister trennen sich. Um Ulrich nicht wieder lieben zu müssen, wird Agathe Verhältnisse mit anderen Männern haben. Und Ulrich wird in den Krieg gehen, obwohl er sich in die Schweiz retten könnte, obwohl er den Krieg verabscheut, in dem er auch wieder eine Art des »anderen Zustands« sieht –

MUSIL ». . . aber vermischt mit dem Bösen.«

1. SPRECHER Und Musil deutet diese Liebesgeschichte weiter:

MUSIL »Ulrich-Agathe ist eigentlich ein Versuch des Anarchismus in der Liebe. Der selbst da negativ endet. Das ist die tiefe Beziehung der Liebesgeschichte zum Krieg!«[22]

2. SPRECHER Wenn aber in dieser Liebesgeschichte [von] ihrer Beziehung zum Krieg die Rede ist, so muß erst klargestellt werden, daß das umfassende Problem des Romans der Krieg ist. Alle Linien, die Musil nachgezogen hat, führen zum Krieg, am offenkundigsten natürlich die Parallelaktion, und jeder begrüßt ihn auf seine Weise, weil man nun etwas gefunden hat, das man »Überzeugung« und »Glauben« nennt – etwas, das Ulrich verachtet und gegen das er die Utopie, den »anderen Zustand«, die reine Kontemplation, setzt. Der Ausklang dieser Utopie ist jedoch tragisch.

Musil weiß, daß diese Utopie zum Scheitern verurteilt ist, denn:

MUSIL »Die Weltabkehr hat keinen Zweck. Das geht schon daraus hervor, daß sie sich stets Gott zum Ziel setzte, etwas Irreales und Unerreichbares.«[23]

1. SPRECHER Und doch ist auch diese Utopie, als Richt-

bild, die Voraussetzung für ein anderes Richtbild, das den Menschen aus den ideologischen Klammern befreien kann. Denn bleibt nicht Ulrich, nachdem die Reise ins tausendjährige Reich mißglückt ist, eben die Ahnung, in der sich das Movens des Geistes ständig wach und bereit hält? Liebe als Verneinung, als Ausnahmezustand, kann nicht dauern. Das Außersichsein, die Ekstase währen – wie der Glaube – nur eine Stunde. Zwar hat der »andere Zustand« aus der Gesellschaft in die absolute Freiheit geführt, doch Ulrich weiß nun, daß die Utopie dieses anderen Lebens für die Praxis des Lebens keine Vorschriften gibt. Für ein Leben in der Gesellschaft muß diese Utopie durch die Utopie des gegebenen sozialen Zustands ersetzt werden. »Utopie der induktiven Gesinnung« nennt Musil sie auch zuweilen. Beide Ideologien aber erreichen, daß an die Stelle der geschlossenen Ideologien offene treten.

2. SPRECHER Musil konnte die letzten Kapitel nicht mehr ausführen. Das gedankliche Fazit aber sollte das »Endergebnis der Utopie der induktiven Gesinnung« sein. Das sollte für Ulrich heißen:

MUSIL »Erkennen, arbeiten, fromm sein ohne Einbildung plus Endergebnis der Utopie der induktiven Gesinnung.«[24]

1. SPRECHER Und die Erkenntnis kommt ihm in einem Augenblick, in dem der Wahnsinn ausbricht im Sommer 1914, der den Zusammenbruch der Kultur und des Kulturgedankens einleitet. Und nun stellt [– – –]

Sagbares und Unsagbares – Die Philosophie Ludwig Wittgensteins

Stimmen: 1. Sprecher, 2. Sprecher, Zitatensprecher (Wittgenstein), Kritiker

WITTGENSTEIN »Die Welt ist alles, was der Fall ist.«[1]
»Die Welt ist die Gesamtheit der Tatsachen, . . .«[2]
»Die Welt ist durch die Tatsachen bestimmt und dadurch, daß es *alle* Tatsachen sind.«[3]

1. SPRECHER So beginnt der ›*Tractatus logico-philosophicus*‹ von Ludwig Wittgenstein – ein nicht sehr umfangreiches philosophisches Werk, das im Jahre 1921 in Wien erschien. Seine knappe, spröde Sprache wird jedem, der sich damit beschäftigt, zuerst auffallen. Und auffallen wird ihm, daß es nicht eine systematisch aufgebaute philosophische Schrift ist, sondern aus lose aufeinanderfolgenden numerierten Aphorismen besteht. Nicht immer wird ein Gedankengang zu Ende geführt, nicht immer von einem zum andern ein hilfreicher Übergang geschaffen. Darum wurde der ›*Tractatus*‹, trotz seinen klaren präzisen Formulierungen, oft ein dunkles Buch genannt, ein esoterisches Buch, das nur Eingeweihten, also Fachwissenschaftlern, zugänglich sei. Aber wir glauben, daß es für alle an der Philosophie und modernen Wissenschaft Interessierten ein sehr notwendiges und wichtiges Buch ist, und daß es uns lehren kann, die Welt richtig zu sehen.

2. SPRECHER Mit den ersten Sätzen des ›*Tractatus*‹ ist schon die Ausgangsposition Wittgensteins gegeben. Er spricht von der Welt als der Gesamtheit der Tatsachen. Das ist ein philosophisch ganz unkritischer einfacher

Ansatz, den er von seinem englischen Freund, dem Philosophen Bertrand Russell, übernahm. Russell geht von der These aus, daß die Welt sich aus voneinander völlig unabhängigen Tatsachen zusammensetze. Und die Welt ist über die Gesamtheit der Tatsachen hinaus – nichts. Darum kann unsere Erkenntnis von der Welt – als Abbild dieser voneinander völlig unabhängigen Tatsachen – immer nur Teile erfassen.

1. SPRECHER Wir fassen unsere Erkenntnis aber sehr oft in allgemeine Sätze. Wir können zum Beispiel sagen »Alle Menschen sind sterblich«.

2. SPRECHER Wenn wir diesen »allgemeinen« Satz genau prüfen, entdecken wir, daß er denselben Sinn hat wie etwa die Aussagen »Peter ist sterblich« und »Hans ist sterblich«. Das »und«, das diese beiden Einzelaussagen miteinander verbindet, hat die Funktion, die Wahrheit des allgemeinen Satzes »Alle Menschen sind sterblich« zu gewährleisten. Die allgemeine Wahrheit, die wir gewonnen zu haben glauben, wird nur bestimmt durch die Wahrheit der beiden Einzelaussagen »Peter ist sterblich« und »Hans ist sterblich«. Eine neue, allgemeine Wahrheit entsteht jedoch nicht. Dieses kleine harmlose Beispiel aus der Logik demonstriert, daß die Logik – ganz wörtlich und banal verstanden – gar nichts besagt. Sie hat – um mit Wittgenstein zu sprechen – rein tautologischen Charakter. Alle ihre Aussagen sind leer, sie können uns keinen Aufschluß über die Wirklichkeit geben.

1. SPRECHER Mit der Wirklichkeit, der Gesamtheit der Tatsachen, beschäftigen sich die Naturwissenschaften. Sie beschreiben die Tatsachen und vermitteln uns Erkenntnisse. Die Philosophie jedoch, die keine Naturwissenschaft ist, kann uns, wie die Logik – ihr Instrument – nichts über die Wirklichkeit lehren; denn alle Sätze, die sich auf die Wirklichkeit beziehen, sind naturwissen-

schaftliche Sätze; und die verallgemeinernden Sätze, die uns in der traditionellen Philosophie begegnen, wie etwa der vorhin vorgebrachte »Alle Menschen sind sterblich«, haben nur Sinn, weil sie auf empirischen Sätzen beruhen, und geben keine neue spezifisch philosophische Erkenntnis.

KRITIKER Wenn die Philosophie uns keine Erkenntnis vermitteln kann, wenn dies nur die Naturwissenschaften können, was leistet dann die Philosophie überhaupt noch?

1. SPRECHER Sie kann als »logische Analyse« der naturwissenschaftlichen Erfahrungssätze eine Art Kontrolle ausüben; sie kann Fehlerquellen aufdecken und Fehler ausmerzen. Aber die Bearbeitung der Wirklichkeit muß sie den Naturwissenschaften restlos überlassen. Die Preisgabe der Erforschung der Wirklichkeit an die naturwissenschaftlichen Spezialgebiete, die de facto schon längst vollzogen wurde, wird damit in der deutschen Philosophie zum ersten Mal bestätigt.

2. SPRECHER Wittgensteins Philosophieren, die »logische Analyse«, ist nicht so neu, wie es den Anschein hat. Finden wir in ihr doch die analytische Methode des Rationalismus und des Empirismus wieder, eine Methode, die fast so alt ist wie die Philosophie selbst. Daß sie in der deutschen Philosophie in Vergessenheit geriet – daran trug das 19. Jahrhundert schuld. Die Systeme von Fichte, Schelling und Hegel hatten sie ganz verdrängt, bis sie im 20. Jahrhundert in neuer Form auferstand und als Neopositivismus in die jüngste Philosophiegeschichte einging, zu einem Teil wenigstens neu angeregt von Wittgenstein. Der eigentliche Grund für das come back war jedoch die Revolution in der Mathematik und Logik – als sich gegen Ende des vergangenen Jahrhunderts plötzlich die Fruchtbarkeit der analytischen Methode auf diesen Gebieten von neuem erwies. Man entdeckte,

daß in der Mathematik wie in der Logik sogenannte Paradoxien auftreten, die die Grundlagen dieser beiden Disziplinen erschüttern. Von einigen logischen Paradoxien wußte man allerdings schon in der Antike. Die meisten von uns kennen die Geschichte vom Lügner; der Kreter Epimenides sagt, daß »alle Kreter lügen«.

Jetzt traf man aber auch in der Mathematik Paradoxien an, und die waren weitaus alarmierender, da sie ganze Gebiete der Mathematik auszuschalten drohten. Da Logik und Mathematik von ihnen bedroht waren, bedeutete das, daß unser ganzes Darstellungssystem – also unsere *Sprache* im weitesten Sinne – davon betroffen ist und nicht nur der eine oder andre Satz innerhalb unserer Sprache. Was war nun zu tun? Wie konnten diese Probleme – diese Grundlagenprobleme – gelöst werden?

1. SPRECHER Die Philosophen, die die Beschäftigung mit der Logik als außerordentlich wichtig erkannten – Bertrand Russell in England und die Neopositivisten in Wien –, kamen auf einen zwar naheliegenden, aber wirklich völlig neuen Gedanken; der Grund für diese Paradoxien mußte darin liegen, daß wir durch Jahrhunderte in der Philosophie – und somit auch in unserer Sprache – Sätze verwendet haben, die so aussahen, als hätten sie Sinn – die aber in Wirklichkeit gar keinen haben; daß wir einer Mystifikation unserer Sprache zum Opfer gefallen sind, ohne es zu merken, weil wir der Sprache blind vertrauten. Wohl hatten schon Plato und nach ihm andere Philosophen versucht, durch eine streng analytische Methode die Wahrheit von Sätzen zu prüfen. Descartes beschloß bekanntlich sogar, alle Sätze für falsch anzusehen, deren Wahrheit nicht absolut einsichtig war. Aber niemand hatte sich je die Frage gestellt, ob nicht manche Fragestellungen schon sinnlos seien.

2. SPRECHER So rückt bei Wittgenstein und den ihm ver-

wandten Neopositivisten die Untersuchung des Sinnes von Sätzen und Fragestellungen in den Vordergrund des Philosophierens und wird wichtiger als die Frage nach der Wahrheit. Dem verborgenen Unsinn – dem in der Sprache verborgenen Unsinn – mußte einmal gründlich nachgegangen werden. Und das Mißtrauen wurde plötzlich so groß, daß Moritz Schlick, einer der führenden Köpfe der Wiener Schule, einmal ausrief, was die Philosophen heute fürchteten, sei nicht, daß sie die Probleme nicht lösen könnten, die der Philosophie gegeben sind, sondern daß die Philosophie es nie zu einem echten Problem bringen werde. Die meisten ihrer Probleme gäben sich ja schon heute als Pseudoprobleme zu erkennen.

1. SPRECHER Da die philosophischen Schwierigkeiten als in der Sprache liegend entdeckt wurden, verstehen wir, warum Wittgensteins Werk eine Sprachtheorie enthält. Es wird uns zeigen, wie man die Welt in richtigen und sinnvollen Sätzen »abbilden« kann, wie wir über die Welt »sprechen« können und was die Philosophie als Kritik unseres Sprechens über die Welt leisten kann.

Wittgenstein soll sein erstes Buch überdies ›Tractatus‹ genannt haben, weil er eine Art »Verhandlung« im juristischen Sinn über die Philosophie und unser philosophisches Reden halten wollte. Er schreibt in seinem Vorwort:

WITTGENSTEIN »Das Buch behandelt die philosophischen Probleme und zeigt – wie ich glaube – daß die Fragestellung dieser Probleme auf dem Mißverständnis der Logik unserer Sprache beruht.«[4]

1. SPRECHER So wurde für Wittgenstein der natürliche Ausgangspunkt seines Philosophierens die Erforschung der Logik, denn, so sagt ein Aphorismus des ›Tractatus‹:

WITTGENSTEIN »Außerhalb der Logik ist alles Zufall.«[5]

1. SPRECHER Und Zufall muß alles außerhalb der Logik sein, da die Welt von Logik erfüllt ist.

WITTGENSTEIN »..., die Grenzen der Welt sind auch ihre Grenzen.«[6]

2. SPRECHER Versuchen wir, diesem Gedankengang zu folgen: Wittgenstein spricht von der Welt, mit deren Gegenständen und Sachverhalten wir es zu tun haben. Diese eine Welt und ihre Sachverhalte werden von uns in Sätzen abgebildet, die prüfbar sind –

1. SPRECHER – naturwissenschaftlichen Sätzen nämlich –

2. SPRECHER – und er ergänzt an einer anderen Stelle, daß wir obendrein fähig sind, mit unseren Sätzen die *ganze* Wirklichkeit darzustellen.

1. SPRECHER Gemeint sind immer die Wissenschaften, die die Wirklichkeit erforschen und sie in ein Darstellungssystem bringen.

KRITIKER Was veranlaßt Wittgenstein dann aber, von »Grenzen der Welt« zu sprechen?

1. SPRECHER Er geht nun einen Schritt zurück und sagt, daß wir eines *nicht* darstellen können, und zwar das, *was* unsere Sätze, die die Wirklichkeit darstellen, mit der Wirklichkeit gemein haben.

2. SPRECHER Damit berührt er ein ganz merkwürdiges Phänomen, über das wir uns in der Praxis des Alltags, aber auch in der Praxis der Wissenschaft nie Gedanken machen. Wir stellen zum Beispiel einen bestimmten Naturvorgang mit dem Satz »es regnet« dar – oder drücken in den Naturwissenschaften ein sogenanntes Naturgesetz, etwa die Fallgesetze, durch eine Formel aus. Der Satz in der Alltagssprache wie die mathematische Formel stellen die Wirklichkeit dar, obwohl sie ja nicht das geringste mit dieser Wirklichkeit zu tun haben. Sie sind nur Zeichen, die etwas bezeichnen, ohne mit dem Bezeichneten etwas gemeinsam zu haben. Wie wir dennoch mit diesen Zeichen – unserer Sprache im weitesten Sinn – operieren können – das ist die Frage!

1. SPRECHER Und Wittgenstein beantwortet sie so: es ist

die logische Form, die beiden gemeinsam sein muß, weil Sätze sonst die Wirklichkeit überhaupt nicht darstellen könnten. Und die logische Form ist die »Grenze«, nach der unser Kritiker vorhin fragte, denn sie ermöglicht zwar die Darstellung, kann aber selbst nicht mehr dargestellt werden. In ihr tritt etwas in Erscheinung, das über die Wirklichkeit hinausweist. Es weist insofern über die Wirklichkeit hinaus, als sich in der logischen Form etwas zeigt, das für uns undenkbar ist, und weil es undenkbar ist, läßt sich nicht darüber sprechen.

WITTGENSTEIN »Was wir nicht denken können, das können wir nicht denken; wir können also auch nicht *sagen*, was wir nicht denken können.«[7]

1. SPRECHER So formuliert Wittgenstein die »Grenzsituation«, die sich für die Wissenschaft bei der Darstellung der Wirklichkeit ergibt. Und in der Abhandlung oder »Verhandlung« – dem ›*Tractatus logico-philosophicus*‹ – untersucht er dann die *sagbaren* Sätze und gibt die Bedingungen an, unter denen Sätze sagbar sind, das heißt auch: »sinnvoll« sind. Er nennt diese Sätze »Modelle« der Wirklichkeit.

2. SPRECHER Den Ausdruck »Modell« treffen wir übrigens auch in der modernen Physik an, wo zum Beispiel vom Atommodell die Rede ist; auch in der Physik hat man diesen Ausdruck gewählt, um klarzustellen, daß die Beschreibung des Atoms nichts mit dem Atom selbst zu tun hat, daß der Darstellung und der von ihr nicht faßbaren Wirklichkeit – wie Wittgenstein sagen würde – nur die logische Form korrespondiert.

1. SPRECHER Erinnern wir uns aber wieder der These Wittgensteins, daß die logische Form selbst, mit deren Hilfe wir die Sachverhalte der Welt beschreiben können, nicht zu den Sachverhalten der Welt gehört, daß mit ihrer Hilfe etwas zwar sinnvoll gesagt werden kann, sie

aber die Grenze des Sagbaren ist und mit der Grenze der Welt zusammenfällt –

2. SPRECHER – nicht aber mit der Grenze der Wirklichkeit überhaupt.

1. SPRECHER Und »Grenze meiner Welt« bedeutet »Grenze meiner Sprache«. Denn wir reichen nur soweit, soweit unsere Sprache reicht, mit der wir richtig darstellen und abbilden, *wie* die Welt ist.

KRITIKER Erlauben Sie mir, daß ich die bisher vorgetragenen Thesen zusammenfasse: Ich meine, wir haben es hier mit einer streng empiristisch-positivistisch-rationalistischen Philosophie zu tun, die mit einer an der modernen Logik entwickelten analytischen Methode arbeitet. Ihre Thesen beleuchten vor allem die Beziehung zwischen Philosophie und Naturwissenschaft. In der Geschichte der Philosophie treffen wir immer wieder ähnliche Strömungen seit dem Altertum an, aber während in früheren Jahrhunderten eine reinliche Scheidung von Philosophie und Naturwissenschaft noch nicht durchgeführt war, ist sie in unserem Jahrhundert, durch die fortschreitende Spezialisierung der Einzelwissenschaften, nahezu von selbst eingetreten. Eine Reihe von Fragen, die man vorher auf philosophisch-spekulativem Weg zu lösen versuchte, sind längst ausgeschaltet worden. Die Antworten haben die Psychologie, die Physik, die Biologie gegeben. Für die Philosophie war dies ein fortschreitender Bodenverlust, der aber keineswegs allen Philosophen zum Bewußtsein gekommen ist. Eingetreten ist er jedoch zweifellos. Und ganz bewußt und radikal die Konsequenzen ziehend, trat in diesem Augenblick eine neopositivistische Schule auf den Plan, erklärte, daß, was wir bisher Philosophie zu nennen gewohnt waren, einerseits verkappte Naturwissenschaft war, andererseits der verbleibende Rest von der Psychologie als anthropomorphistisch entlarvt oder mittels der neuen

Logik als grammatisch oder syntaktisch sinnloses Gerede entlarvt werden könne.

Mit den Ausdrücken »sinnloses Gerede«, »Scheinsätze« wurde doch im »Wiener Kreis«, der Arbeitsgemeinschaft der Wiener Neopositivisten, die Metaphysik der historischen wie neueren Systeme bedacht. Aber es ist eben die Frage, ob man die abendländische Metaphysik in ihren zwar vielfältigen und widersprechenden Formen wirklich von einem Tag zum andern ad acta legen kann, bloß weil man sie wegen der Unlösbarkeit ihrer Fragen für unmöglich hält.

1. SPRECHER Daß die Metaphysik wegen der Unlösbarkeit ihrer Fragen unmöglich sei, wurde von den Neopositivisten nicht behauptet. Das wäre der Standpunkt der älteren Empiristen und Positivisten gewesen, die in den Fehler verfielen, aus dem Empirismus eine Weltanschauung zu machen, in dem dann ebenfalls eine Metaphysik steckte, etwa der Art, daß die uns in der Erfahrung gegebene Welt als Realität verabsolutiert wurde. Im Neopositivismus oder logischen Positivismus hingegen versuchte man zuerst, die Fragen, die in der Philosophie seit ihrem Beginn aufgetreten sind, sinnvoll zu formulieren oder, wenn dies nicht möglich war, die Fragen auszuschalten. Denn wonach man nicht einmal sinnvoll fragen kann, darauf kann es grundsätzlich, in alle Zeit, keine sinnvolle Antwort geben. Dabei stieß man in der Metaphysik auf »Scheinsätze«, »Pseudoprobleme« wie etwa das Problem der Idealität oder Realität der Welt, das Geistproblem und das Gottesproblem, die grundsätzlich nicht gelöst werden können. Und man schied diese Probleme aus der Philosophie aus. Ein Satz etwa, der die Realität oder Idealität der Welt behauptet, stellt ja nicht einen Sachverhalt dar; er hat, wie alle Sätze dieser Art, eine ganz andere Funktion. Er bringt ein Lebensgefühl zum Ausdruck. Die gefühlsmäßigen und

willensmäßigen Einstellungen zur Umwelt, zum Kosmos, zu den Mitmenschen, zu den Lebensaufgaben, prägen ihn. Darum hat die Metaphysik für viele so großen Wert. Das Lebensgefühl aber kann auch auf dem Weg künstlerischer Gestaltung seinen Ausdruck finden. Insofern ist die Metaphysik dem Kunstwerk verwandt. Nur kommt bei ihr das Lebensgefühl in einem Gefüge von Sätzen zum Ausdruck, die scheinbar in logischen Zusammenhängen, logischen Ableitungsverhältnissen zueinander stehen; und so wird ein theoretischer Gehalt vorgetäuscht. Ein Kunstwerk argumentiert nicht. Die Metaphysik jedoch argumentiert und besteht darauf, Erkenntnisse zu vermitteln. Was aber Erkenntnis geben kann, wird immer nur ein naturwissenschaftlicher Satz sein, auch wenn er als metaphysisch verkleideter auftritt.

2. SPRECHER Metaphysikfeindlich ist auch die Haltung Wittgensteins. Der ›Tractatus‹ drängt von Satz zu Satz auf die scharfe, reinliche Scheidung von echten Sätzen und Scheinsätzen: Darstellung und Abbildung der Welt sind den Naturwissenschaften zu überlassen, und wo Unklarheiten, Vagheiten bestehen, setzt die logische Analyse ein, um Klarheit zu schaffen. Das ist jetzt die Tätigkeit der Philosophie. Und das ist nicht mehr der klassische wissenschafts- und weltgläubige Empirismus und Positivismus als Weltanschauung und Methode, sondern nur mehr Methode. Es wird nicht einmal der Versuch unternommen, die Welt so oder so zu interpretieren; die Wirklichkeit bleibt bewußt unangetastet und »unbestimmt«, denn es liegt nicht in unserer Kraft, ihren Charakter zu bestimmen. Wenn wir die Dinge richtig und brauchbar darstellen können, erübrigen sich Fragen nach »Wesen« und »Erscheinung«, das uns in den Darstellungsbemühungen ja um keinen Schritt weiterbringt, ja mehr noch, oft nur hinderlich war und in den empirischen Wissenschaften sogar zu unbrauchbaren oder fal-

schen Resultaten geführt hat. Dennoch bleibt für Wittgenstein, der sich mit anderen Neopositivisten in diese neutrale Haltung – man könnte auch sagen: unphilosophische Haltung – der Welt gegenüber teilt, noch eine Frage: Was haben wir nun aber mit einer richtigen und brauchbaren Darstellung und Abbildung der Welt erreicht? Und er gibt uns die Antwort auf einer der letzten Seiten des ›Tractatus‹, die uns erst das Abenteuer, das Wagnis begreifen läßt, auf das sich dieses Buch einließ: »gar nichts«.

WITTGENSTEIN »Wie die Welt ist, ist für das Höhere vollkommen gleichgültig. Nicht wie die Welt ist, ist das Mystische, sondern daß sie ist.«[8]

2. SPRECHER Mit diesem Aphorismus schlägt Wittgenstein einen neuen Ton an, den er bis zum Ende des Buches durchhält und der die eigentliche Problematik dieses problemfeindlichen Denkens enthüllt. Die Behauptung der Wertlosigkeit unseres Wissens darum, »wie die Welt ist«, richtet sich ebenso gegen den Positivismus, also gegen sein eigenes Philosophieren, wie gegen die Metaphysik, die sich um die Erforschung des Wesens der Dinge bemüht, die den absoluten, eigentlichen Charakter der Welt und der Gegenstände hinter ihren Erscheinungsformen aufsucht. Diese Behauptung verweist auf das Unfaßliche dessen, daß die Welt überhaupt ist, und nennt es ganz direkt mit dem Namen: »das Mystische« – einem Wort mit einem grenzenlosen Bedeutungsfeld, belastet mit zweifellosen und zweifelhaften Erfahrungen.

KRITIKER Erlauben Sie mir zu fragen, welchen Akzent das Mystische bei Wittgenstein hat? Erinnert dieser Satz nicht bedenklich an die, im Wittgensteinschen Sinn gewiß sinnlose, Frage Heideggers: »Warum ist überhaupt Seiendes und nicht vielmehr nichts?« Ist Heideggers Sprachlosigkeit dem Sein gegenüber nicht auch die

Sprachlosigkeit Wittgensteins? Geraten nicht der Positivist und der Seinsphilosoph in dieselbe Ausweglosigkeit?

2. SPRECHER Die Erfahrung, die Heideggers Seinsmystik zugrundeliegt, mag der ähnlich sein, die Wittgenstein vom Mystischen sprechen läßt. Doch Wittgenstein wäre es unmöglich, die Heideggersche Frage zu stellen, da er verneint, was Heidegger voraussetzt: daß nämlich im Denken das Sein zur Sprache komme. Wo Heidegger zu philosophieren beginnt, hört Wittgenstein zu philosophieren auf. Denn, so sagt der Schlußsatz des ›Tractatus logico-philosophicus‹:

WITTGENSTEIN »Wovon man nicht sprechen kann, darüber muß man schweigen.«[9]

2. SPRECHER Vom »Sinn« von Sein zu sprechen, ist nach Wittgensteins Thesen unmöglich, denn Sinn ist nicht in einer Welt, die nur darstellbar, beschreibbar – aber nicht erklärbar ist. Um die Welt erklären zu können, müßten wir uns außerhalb der Welt aufstellen können, müßten wir, wie er es nennt, »Sätze über die Sätze der Welt sprechen können«, wie dies die Metaphysiker zu können vermeinen; sie haben ja neben den Sätzen, die über Tatsachen sprechen, Sätze zweiter Ordnung, die über die Tatsachensätze sprechen. Sie vollziehen eine Sinngebung. Wittgenstein weist diese Versuche entschieden zurück. Gäbe es Sinn in der Welt, so hätte er keinen Sinn, denn er würde dann zu den Tatsachen gehören, zum Darstellbaren unter anderem Darstellbaren, ihm an Rang gleich, ein Gegenstand des Wissens wie andre Gegenstände und somit wertlos, denn:

WITTGENSTEIN »Wie die Welt ist, ist für das Höhere vollkommen gleichgültig ... Der Sinn der Welt muß außerhalb ihrer liegen. In der Welt ist alles wie es ist und geschieht alles wie es geschieht.«[10]

KRITIKER Wenn diese Frage, die wir an die Philosophie zu richten gewohnt sind, die Frage nach dem »Sinn von

Sein«, uns nicht beantwortet wird, wenn wir mit dieser Frage auf uns selbst verwiesen werden, weil Denken und Sprache sich uns versagen, wie werden dann die eng damit zusammenhängenden Fragen der Ethik beantwortet? Denn die ethischen Normen, die Sätze des »Sollens«, und die Werte, an denen wir uns orientieren, sind ja auch Sätze zweiter Ordnung und metaphysisch verankert. Wenn aber eine Wirklichkeit zweiter Ordnung, in der die Sinngebung und die moralische Gesetzgebung unseres Lebens beheimatet sind, geleugnet wird, käme ja in dieser neopositivistischen Philosophie die ganze Ethik zum Wegfall, und es wäre tatsächlich der Nullpunkt im abendländischen Denken erreicht, die Erfüllung eines absoluten Nihilismus, wie ihn sich nicht einmal Nietzsche, der Zertrümmerer der traditionellen westlichen Wertsysteme, auszudenken vermochte.

1. SPRECHER Wittgensteins Philosophie ist natürlich eine negative Philosophie, und er hätte seinen ›*Tractatus*‹ mit Nikolaus Cusanus ›*De docta ignorantia*‹ nennen können. Denn was wir sprechen können, ist nichts wert, und von dem, wo der Wert beheimatet ist, können wir nicht sprechen. Also − folgert er − können wir auch keinen wahren und beweisbaren Satz der Ethik ausspre‍chen:

WITTGENSTEIN »Die Ethik ist transzendental.«[11]

2. SPRECHER Damit meint Wittgenstein, daß die sittliche Form, die nicht zu den Tatsachen der Welt gehört, der logischen Form analog ist. Sie kann nicht mehr dargestellt werden, aber sie zeigt sich. Sie ist, wie die logische Form, mit deren Hilfe wir die Welt abbilden, die Grenze der Welt, die wir nicht überschreiten können. Und er fährt fort:

WITTGENSTEIN »Die Lösung des Rätsels des Lebens in Raum und Zeit kann nur *außerhalb* von Raum und Zeit liegen.«[12]

2. SPRECHER Und wir kommen wieder zu dem entscheidenden Satz:

WITTGENSTEIN »Denn wie die Welt ist, ist für das Höhere vollkommen gleichgültig. *Gott offenbart sich nicht in der Welt.*«[13]

1. SPRECHER Es ist der bitterste Satz des ›*Tractatus*‹. Hölderlins »So wenig achten die Himmlischen uns!« klingt an; viel mehr ist jedoch gemeint, daß er der verborgene Gott, der deus absconditus bleibt, der sich in dieser Welt, die wir mit einem formalen Schema abbilden können, nicht zeigt. Daß die Welt sprechbar – also abbildbar wird –, daß Sagbares möglich ist, ist erst durch das Unsagbare, das Mystische, die Grenze oder wie immer wir es nennen wollen, möglich.

2. SPRECHER Wir haben bei der Behandlung von Wittgensteins Sprachtheorie, die sich mit der Darstellung der Welt beschäftigt, auf den Zusammenhang mit der seit dem Bestehen des abendländischen Denkens wirkenden analytischen Methode und die empiristischen und rationalistischen Züge seiner Philosophie hingewiesen. Und wir erleben heute, welch große Wirkung dieser »positive« Teil des ›*Tractatus*‹ auf die Entwicklung des modernen Denkens, vor allem in den angelsächsischen Ländern, in den letzten Jahrzehnten hatte, ja wie er sozusagen zur »Bibel« des wissenschaftlichen methodologischen Denkens unserer Zeit wurde.

In welchen Zusammenhang aber haben wir die andere Komponente des Wittgensteinschen Denkens, seine verzweifelte Bemühung um das Unaussprechliche, das Unsagbare, zu bringen?

1. SPRECHER Wittgenstein ist dieser Bemühungen wegen vielleicht *der* große repräsentative Denker unserer Zeit zu nennen, da in ihm die zwei extremen Tendenzen der geistigen Strömungen des Westens zum Ausdruck kommen. Er steht auf der Höhe des wissenschaftlichen Den-

kens der Zeit; des Denkens, das die Entwicklung der Technik und der Naturwissenschaften begleitet und ihm vorangeht; und doch sagt gerade er uns mit einem Nestroy-Zitat: »Überhaupt hat der Fortschritt das an sich, daß er viel größer ausschaut, als er wirklich ist.« Darum berührt uns die andre Komponente seines Denkens, die mystische, die das wissenschaftliche Denken überwinden will, so tief.

2. SPRECHER Wir glauben nicht fehlzugehen, wenn wir auf Pascal als Präzedenzfall eines Denkers hinweisen, der ähnlich beide Komponenten in sich vereinigte. Wittgenstein, mit dem strengen Wissenschafts-Ideal des 20. Jahrhunderts, würde von Pascal wahrscheinlich, wie keinem anderen Philosophen nach ihm, der »esprit de la géométrie« zugesprochen werden. Können wir ihm aber auch den »esprit de finesse« zusprechen? Bei Pascal ist es die Kombination dieser beiden Geistesformen, die den großen Denker ausmacht; ohne die »Mystik des Herzens«, die mystische Wirklichkeitserfahrung der ganzen Person, die vor oder hinter dem Denken steht, meinte er, sei eine Philosophie »keine Stunde Mühe wert«.

1. SPRECHER Ein hartes Urteil, das sich Pascal bei der Lektüre von Descartes notierte.

2. SPRECHER Um Wittgensteins mystische Züge zu verstehen und verständlich zu machen, muß man vielleicht einen Schritt über seine eigenen sparsamen Worte in dieser Richtung hinausgehen.

WITTGENSTEIN »Gott offenbart sich nicht in der Welt.«[14]

2. SPRECHER So heißt es gegen Ende des ›Tractatus‹. Was heißt das? Es heißt, daß die Welt als die Gesamtheit der Tatsachen, die nur naturwissenschaftliche Beschreibung zuläßt, Gott nicht offenbart, daß wir die Gottesbeweise als begrenzte Wesen in einer begrenzten

Welt nicht durchführen können, denn Gott ist ja keine Tatsache der Welt. Und von Niederem auf Höheres zu schließen, ist unmöglich, da jeder Schluß ein logischer Schluß ist – also inhaltsleer, das heißt eine Tautologie. Aber:

WITTGENSTEIN »Es gibt allerdings Unaussprechliches. Dies *zeigt* sich, es ist das Mystische.«[15]

1. SPRECHER Und so haben wir auch Wittgensteins Behandlung der Ethik zu verstehen. Werte sind etwas »Höheres«, gehören daher nicht zur Welt. Hören wir seine Formulierung:

WITTGENSTEIN »Es gibt keinen Wert in der Welt, denn gäbe es einen, so hätte er keinen Wert.«[16]

2. SPRECHER Das heißt: die Welt ist wertneutral, sie besteht aus Tatsachen von gleichem Rang, sie sind, wie sie sind, unveränderbar durch unseren Willen, den wir den Träger des Ethischen nennen. Nun gehören die ethischen Werte aber zu unseren Lebensproblemen, denn sie geben unseren Handlungen die Akzente des Guten und Bösen, des Wertvollen und Wertlosen. Das ist nicht zu leugnen, und Wittgenstein liegt es auch fern, das zu leugnen. Nur macht er ein für allemal deutlich, daß *die Wissenschaft* nichts zur Lösung eines solchen Lebensproblems beitragen kann. Mit allen existentiellen Fragen werden wir auf uns selbst verwiesen. Ja, er meint nicht, daß es keine Werte gibt, daß Ethik unmöglich ist oder daß es unmöglich ist, an Gott zu glauben – er meint nur, daß es streng genommen unmöglich ist, über all das zu *sprechen*. Die Sprache kann nur über Tatsachen sprechen und bildet die Grenze unserer – meiner und deiner – Welt. Die Entgrenzung der Welt geschieht, wo die Sprache nicht hinreicht und daher auch das Denken nicht hinreicht. Sie geschieht, wo sich etwas »zeigt«, und was sich zeigt, ist das Mystische, die unaussprechliche Erfahrung –

1. SPRECHER   Erfahrung nicht des Empirikers, sondern des Mystikers.

2. SPRECHER   Das Credo bei Wittgenstein ist also negativ, weil er es nicht aussprechen kann. Aber die letzten Sätze des ›Tractatus‹ reichen aus, um es uns ahnen zu lassen.

WITTGENSTEIN   »Wir fühlen, daß selbst, wenn alle *möglichen* wissenschaftlichen Fragen beantwortet sind, unsere Lebensprobleme noch gar nicht berührt sind. Freilich bleibt dann eben keine Frage mehr; und eben dies ist die Antwort.[17]

Die Lösung des Problems des Lebens merkt man am Verschwinden dieses Problems.

(Ist nicht dies der Grund, warum Menschen, denen der Sinn des Lebens nach langen Zweifeln klar wurde, warum diese dann nicht sagen konnten, worin dieser Sinn bestand.)«[18]

1. SPRECHER   Und so kommt das Buch zu den von den anderen positivistischen Wissenschaftlern mit Kopfschütteln aufgenommenen Konsequenzen.

WITTGENSTEIN   »Die richtige Methode der Philosophie wäre eigentlich die: Nichts zu sagen, als was sich sagen läßt, also Sätze der Naturwissenschaft – also etwas, was mit Philosophie nichts zu tun hat –, und dann immer, wenn ein anderer etwas Metaphysisches sagen wollte, ihm nachzuweisen, daß er gewissen Zeichen in seinen Sätzen keine Bedeutung gegeben hat. Diese Methode wäre für den anderen unbefriedigend – er hätte nicht das Gefühl, daß wir ihn Philosophie lehrten – aber sie wäre die einzig richtige.

Meine Sätze erläutern dadurch, daß sie der, welcher mich versteht, am Ende als unsinnig erkennt, wenn er durch sie, auf ihnen – über sie hinausgestiegen ist. (Er muß sozusagen die Leiter wegwerfen, nachdem er auf ihr hinaufgestiegen ist.)

Er muß diese Sätze überwinden, dann sieht er die Welt richtig.«[19]

1. SPRECHER Kommt Wittgenstein nicht tatsächlich zu dem gleichen Schluß wie Pascal? Hören wir, was 300 Jahre vor ihm der Autor der ›Pensées‹ sagt: »Der letzte Schritt der Vernunft ist die Erkenntnis, daß es eine Unendlichkeit von Dingen gibt, die sie übersteigen.«[20]

2. SPRECHER Diesen letzten Schritt der Vernunft hat Wittgenstein getan. Wer wie er sagt: »Gott offenbart sich nicht in der Welt«, sagt unausgesprochen das »Vere tu es deus absconditus« mit. Denn worüber sollte sonst zu schweigen sein, wenn nicht über das Entgrenzende – über den verborgenen Gott, über Ethisches und Ästhetisches als mystische Erfahrungen des Herzens, die sich im Unsagbaren vollziehen? Das »Wovon man nicht sprechen kann, darüber muß man schweigen« schließt dies vollkommen ein. Schweigen über etwas heißt ja nicht nur einfach schweigen. Das negative Schweigen wäre Agnostizismus – das positive Schweigen ist Mystik.

1. SPRECHER Diese Interpretation des Wittgensteinschen Schweigens geht freilich schon über das von ihm selbst Gesagte hinaus; aber wir halten es für erlaubt, das zu folgern, um den ›Tractatus‹ verständlich zu machen, auch weil uns Wittgensteins Leben einen Anhaltspunkt gibt für alles, was er nur für schweigend vollziehbar hielt.

Ludwig Wittgenstein hat sich Zeit seines Lebens in Schweigen gehüllt; man könnte es kaum anders nennen, so verwunderlich ist es, daß ein Mann der Öffentlichkeit, dem Ruhm und Ansehen sicher gewesen wären, sich seiner Zeit so entziehen konnte, daß er ihr wirklich entging. 1921 veröffentlichte er den ›Tractatus logico-philosophicus‹ in Wien, wo wenige Jahre später, von seinen Gedanken angeregt, Moritz Schlick den »Wiener Kreis« ins Leben rief. Während die Wiener neopositivistische

Schule, die sich fast ausschließlich auf Wittgensteins sublime Denkbemühungen um die moderne Logik und Wissenschaftslehre stützte, seinen mystischen »Anwandlungen« aber fremd gegenüber stand, immer größeres internationales Ansehen gewann, zeigte sich Wittgenstein nie; er blieb den Diskussionen fern, lehnte es ab zu lehren und zog schließlich als Dorfschullehrer nach Niederösterreich, für Jahre, über die niemand zu berichten weiß. Er trat »aus« aus der Philosophie. Aus »rassischen« Gründen mußte er im Jahre 1938 Österreich verlassen, und er wandte sich nach England, wo er als Nachfolger von G. E. Moore in Cambridge den Lehrstuhl für Philosophie übernahm. Von diesen letzten Jahren wissen wir, daß er einen kleinen Kreis von Schülern um sich sammelte; sie erzählen, daß er eine Hütte bewohnt und darin nur einen einfachen Stuhl als Ausstattung geduldet habe. So hatte die Legende sein Leben abgelöst schon zur Zeit, als er noch lebte – eine Legende von freiwilliger Entbehrung, vom Versuch eines heiligmäßigen Lebens, vom Versuch, dem Satz zu gehorchen, der den ›*Tractatus*‹ beschließt:

WITTGENSTEIN »Wovon man nicht sprechen kann, darüber muß man schweigen.«[21]

2. SPRECHER Nach Wittgensteins Tod im Jahre 1951 begann man erst, sich mit seinem Werk und seiner Person wirklich zu beschäftigen. In Deutschland war es Ewald Wasmuth, der auf ihn aufmerksam machte und in einer Untersuchung, als christlicher Philosoph, die Hoffnung aussprach, daß Wittgenstein in seinen letzten Schriften, von deren Existenz man aus England hörte, den Schritt über das Schweigen hinaus zum Bekenntnis getan haben möge. Es war die Zeit, als man von einem ›*Blaubuch*‹ des Philosophen sprach und von ›*Philosophischen Untersuchungen*‹ – von einem umfangreichen Nachlaß, der uns ein vollkommeneres Bild seines Denkens geben

werde. Im vergangenen Jahr erschien nun tatsächlich in England ein Nachlaßwerk: ›*Philosophical Investigations*‹, das zu einem großen Teil noch von ihm selbst redigiert wurde. Diesen »Wieder-Eintritt« in die Philosophie erklärt er in einem Vorwort:

WITTGENSTEIN »Ich hatte bis vor kurzem den Gedanken an eine Veröffentlichung meiner Arbeit bei meinen Lebzeiten eigentlich aufgegeben. Er wurde allerdings von Zeit zu Zeit rege gemacht, und zwar hauptsächlich dadurch, daß ich erfahren mußte, daß meine Ergebnisse, die ich in Vorlesungen, Skripten und Diskussionen weitergegeben hatte, vielfach mißverstanden, mehr oder weniger verwässert oder verstümmelt im Umlauf waren. Hierdurch wurde meine Eitelkeit aufgestachelt und ich hatte Mühe, sie zu beruhigen.«[22]

1. SPRECHER Und über die ›*Philosophischen Untersuchungen*‹ selbst sprechend, fährt er an anderer Stelle fort:

WITTGENSTEIN »Ich übergebe sie mit zweifelhaften Gefühlen der Öffentlichkeit. Daß es dieser Arbeit in ihrer Dürftigkeit und der Finsternis dieser Zeit beschieden sein sollte, Licht in ein oder das andre Gehirn zu werfen, ist nicht unmöglich; aber freilich nicht wahrscheinlich.

Ich möchte nicht mit meiner Schrift Andern das Denken ersparen. Sondern, wenn es möglich wäre, jemand zu eigenen Gedanken anregen.

Ich hätte gerne ein gutes Buch hervorgebracht. Es ist nicht so ausgefallen; aber die Zeit ist vorbei, in der es von mir verbessert werden könnte.«[23]

2. SPRECHER Ob dieses Buch besser hätte ausfallen können, müssen wir dahingestellt sein lassen. In der Form, in der es vorliegt, als ein Konglomerat von Denkbeispielen, bietet es einige Schwierigkeiten. Wieder fehlt der systematische Zusammenhang. Wir werden vom Autor in ein sokratisches Gespräch gezogen, das viele

Dinge berührt; so wird uns seine Absicht nicht gleich offenbar. Er verfährt ja scheinbar absichtslos – und sagt zum Beispiel:

WITTGENSTEIN »Ich kann wissen, was der Andere denkt, nicht was ich denke. Es ist richtig zu sagen ›Ich weiß, was du denkst‹ und falsch ›Ich weiß, was ich denke‹.«[24]

2. SPRECHER Wir haben dieses Beispiel gewählt, weil es mit dem entscheidenden Kommentar versehen ist, einem Ausruf, der allen Beispielen folgen könnte:

WITTGENSTEIN »Eine ganze Wolke von Philosophie kondensiert zu einem Tropfen Sprachlehre!«[25]

1. SPRECHER Und damit haben wir seine Absicht gefunden, dieselbe, die im ›Tractatus‹ offen zutage tritt: zu zeigen, daß die Probleme der Philosophie Probleme der Sprache sind, daß sozusagen die Fehlzündungen der Sprache die philosophischen Probleme schaffen. Darum geht er in den ›Philosophischen Untersuchungen‹ daran – den ›Tractatus‹ erweiternd –, Beispiele vom richtigen oder falschen Funktionieren der Sprache zu geben, um uns den Unterschied von richtigem und falschem Denken zu zeigen. Denn:

WITTGENSTEIN »Die Sprache selbst ist das Vehikel des Denkens.«[26]

2. SPRECHER Schon im ›Tractatus‹ heißt es:

WITTGENSTEIN »Das Resultat der Philosophie sind nicht ›philosophische Sätze‹, sondern das Klarwerden von Sätzen.«[27]

2. SPRECHER Dieses Klarwerden von Sätzen soll in den ›Philosophischen Untersuchungen‹ auf breiter Basis erreicht werden. Die Kontrolle fängt jetzt schon bei den Sätzen der Alltagssprache an, mit dem Hinblick auf sein einziges philosophisches Ideal: vollkommene Klarheit. Hören wir, wie er selbst sie versteht:

WITTGENSTEIN »Aber das heißt nur, daß die philosophischen Probleme *vollkommen* verschwinden sollen.«[28]

1. SPRECHER   Es ist Wittgensteins Überzeugung, daß die Philosophie von uns zur Ruhe gebracht werden muß, so daß sie nicht mehr von Fragen »gepeitscht« wird, die *sie selbst* in Frage stellen, und er glaubt, daß wir die Probleme zum Schweigen bringen können, wenn unsere Sprache gut und sinnvoll funktioniert, wenn sie im *Gebrauch* lebt und atmet. Nur wo die Sprache, die eine Lebensform ist, aus dem Gebrauch genommen wird, wo sie leer läuft – und das tut sie, seiner Meinung nach, wo sie im herkömmlichen Sinn philosophierend verwendet wird –, entstehen Probleme. Diese Probleme müssen nicht gelöst, sondern beseitigt werden.

So bewegen sich diese Untersuchungen eigentlich im Kreis des ›Tractatus‹, erweitern ihn aber durch Detailuntersuchungen nach allen Seiten. Sie verlassen die Abstraktion und geben Bilder. Die Sprache wird jetzt nicht mehr ein Zeichensystem genannt – das sie natürlich bleibt –, sondern in ihrer Mannigfaltigkeit verglichen mit einer alten Stadt. Auch so kann man sie ansehen – als –

WITTGENSTEIN   »Ein Gewinkel von Gäßchen und Plätzen, alten und neuen Häusern, und Häusern mit Zubauten aus verschiedenen Zeiten; und dies umgeben von einer Menge neuer Vororte mit geraden und regelmäßigen Straßen und mit einförmigen Häusern.«[29]

1. SPRECHER   Und da die Sprache ein Labyrinth von Wegen ist – wie er sie an einer anderen Stelle nennt –, so muß die Philosophie den Kampf gegen die Verhexung unseres Verstandes durch die Mittel der Sprache aufnehmen. Sie muß Luftgebäude zerstören und den Grund der Sprache freilegen, sie muß einer Therapie gleich sein, denn die philosophischen Probleme sind Krankheiten, die geheilt werden müssen. Nicht Lösung, sondern Heilung fordert er.

Somit hat die Philosophie eine paradoxe Aufgabe zu leisten: die Beseitigung der Philosophie.

KRITIKER   Ebenso wie der ›*Tractatus*‹ zeitigen also auch die ›*Philosophischen Untersuchungen*‹ ein sehr merkwürdiges Resultat. Sie wollen, was wir jahrtausendelang in den verschiedensten Formen als Philosophie betrieben haben, beenden. Und zwar damit, daß sie den Positivismus in das Recht einsetzen, eine gültige Weltbeschreibung zu liefern, ihn aber als Weltanschauung und welterklärende Philosophie zum alten Eisen werfen wie alle andren nach Sein und Dasein fragenden Philosophien auch. Aber eine Crux scheint mir darin zu liegen, daß nach dieser Beseitigung oder Ausschaltung der Probleme, die heute so gern als »existenzielles Anliegen« bezeichnet werden, diese Probleme doch bestehen bleiben, weil es in der Natur des Menschen liegt, zu fragen und in der Wirklichkeit mehr als das Positive und Rationale zu sehen, von dem ja auch Wittgenstein meint, daß es nicht die ganze Wirklichkeit ausmacht. Und unbefriedigt von dieser zwar einwandfreien Bestimmung von Wißbarem und Unwißbarem, von positiver Wissenschaft und den Grenzen, die als logische und ethische Form im metaphysischen Subjekt auftreten, über die aber nicht mehr gesprochen werden kann, werden sehr viele unter uns sein. Wenn Wittgenstein das Schweigen auch positiv vollzogen haben mag, vielleicht schon mit seinem Werk selbst die positiven Akte sichtbar macht, indem er die großen Tugenden des Denkers – intellektuelle Redlichkeit und Ehrfurcht vor der dem menschlichen Verstand entzogenen Wirklichkeit – besaß: uns läßt er doch ein Vakuum zurück – den von allen Inhalten entleerten metaphysischen Bereich.

1. SPRECHER   Gewiß ist es so. Aber was Sie das Vakuum nennen, ist wieder offen für echte Glaubensinhalte. Kein Platz mehr ist allerdings da für den Kampf der abendländischen Metaphysiken, den mit logischen Argumenten bewaffneten philosophischen Glauben gegen ei-

nen anderen philosophischen Glauben. Daß Wittgenstein das erwartete Bekenntnis zum Christentum nicht ablegte, darf uns aber auch nicht irre machen an den »Grenzen«, die nicht nur Grenzen, sondern auch Einbruchstellen des sich Zeigenden, des mystisch oder glaubend Erfahrbaren sind, das auf unser Tun und Lassen wirkt. Eine Konfession hat nur keinen Platz in seinem Werk, da sie sich nicht aussprechen läßt, sie würde, ausgesprochen, es schon verlassen. Und Wittgenstein wollte wohl auch, leidenschaftlich wie einst Spinoza, *Gott vom Makel der Anredbarkeit befreien.*

2. SPRECHER Den Grund zu seiner Haltung haben wir in der historischen Situation zu suchen, in der Wittgenstein sich fand. Sein Schweigen ist durchaus als Protest aufzufassen gegen den spezifischen Antirationalismus der Zeit, gegen das metaphysisch verseuchte westliche Denken, vor allem das deutsche, das sich in Sinnverlustsklagen und Besinnungsaufrufen, in Untergangs-, Übergangs- und Aufgangsprognosen des Abendlandes gefällt, Ströme eines vernunftfeindlichen Denkens gegen die »gefährlichen« positiven Wissenschaften und die »entfesselte« Technik mobilisiert, um die Menschheit in einem primitiven Denkzustand verharren zu lassen.

Und das Schweigen ist auch als Protest aufzufassen gegen die wissenschafts- und fortschrittsgläubigen Tendenzen dieser Zeit, die Ignoranz gegenüber der »ganzen Wirklichkeit«, wie sie sich häufig in der von seinem Werk ihren Ausgang nehmenden neopositivistischen Schule und unter den ihr verwandten scientistischen Denkern breit macht.

Wittgenstein wurde von einem Wiener Philosophen einmal janusköpfig genannt: und es ist wahr, daß er wie niemand anderer die Gefahren der sich verhärtenden Antagonismen des Denkens seines Jahrhunderts: Irrationalismus und Rationalismus, erkannte, sie in seinem

Werk bestand und schon überwand. Freilich ist er ohne das billige Rezept für die oft verlangte Synthese gekommen, aber mit dem zur Heilung – als Therapeut.

WITTGENSTEIN »Wir fühlen, daß selbst, wenn alle *möglichen* wissenschaftlichen Fragen beantwortet sind, unsere Lebensprobleme noch gar nicht berührt sind. Freilich bleibt dann eben keine Frage mehr; und eben dies ist die Antwort.«[30]

Das Unglück und die Gottesliebe – Der Weg Simone Weils

Stimmen: Erzähler, 1. Sprecher, 2. Sprecher und Sprecher
für die Zitate von: Simone Weil, T. S. Eliot,
Gustave Thibon, Madame Thévenon, einem
französischen Arbeiter

ERZÄHLER Als man nach dem Krieg in Deutschland zum
ersten Mal von Simone Weil in französischen Superla-
tiven sprechen hörte, beeilte man sich in den Kreisen, die
auf eine »geistige Erneuerung aus christlichem Geist«
hofften, diese Superlative zu wiederholen; es gab auch
tatsächlich ein paar Leute, die einige ihrer Schriften im
Original kannten. Aber schließlich wurde es 1953, bis
zwei Bücher in deutscher Sprache erschienen, und zwar
im Kösel-Verlag, in einer vorzüglichen Übersetzung von
Friedhelm Kemp. Sie tragen die Titel ›*Das Unglück und
die Gottesliebe*‹ und ›*Schwerkraft und Gnade*‹.
1953 – das bedeutete, daß man das Wort vom »geistigen
Vakuum« nur mehr selten hörte und über so allgemeine
Forderungen wie der nach »geistiger Erneuerung« zu
den Forderungen des Alltags übergegangen war. Man
hatte ja »aufgeholt, was aufzuholen war«, alles »Unge-
wöhnliche« hatte wieder seinen Platz in der Ordnung
des kulturellen Lebens. Zudem gedeihen ja Legenden
um Persönlichkeiten nur so lang, wie ihr Werk kaum zugänglich ist oder solang ihr Leben im Dunkeln liegt. Der
Wunsch, ihnen in die Karten zu sehen, hält das Interesse
und die Phantasie wach.
Es ist zu vermuten, daß darum auch die Legende um Simone Weil, dieses absonderliche Geschöpf, Philosophie-

professorin und Fabrikarbeiterin, Jüdin und gläubige Christin, die Kritikerin der katholischen Kirche und halbe Häretikerin und potentielle Heilige – daß also die Legende um dieses absonderliche Geschöpf im Verschwinden ist, seit ihre Bücher systematisch in verschiedene Sprachen übersetzt werden und Daten aus ihrem Leben bekanntgegeben werden. Und so ist's nur noch die Frage, ob dies zum Schaden Simone Weils geschieht oder ob ihr Werk ihre Legende überleben wird.

Ich glaube, man kann diese Frage mit ja beantworten.

Von den »schriftlichen Arbeiten« Simone Weils sind zu ihren Lebzeiten nur ganz wenige erschienen, zumeist Aufsätze zu aktuellen Fragen, die erst im Zusammenhang mit ihrem eigentlichen Werk an Bedeutung gewinnen. Nach dem Krieg, im wiederbefreiten Frankreich, gab ein französischer Laientheologe, Gustave Thibon, einiges aus dem Konvolut von zehn Heften, die sie ihm überlassen hatte, heraus; das meiste erschien mittlerweile bei Plon, einiges bei Gallimard in Paris.

Diese zehn Hefte enthalten etwas schwer zu Definierendes, nämlich Sätze und Thesen, welche die sogenannten letzten Dinge betreffen. Da alles, was die »letzten Dinge« betrifft, von der Art ist, daß es entweder dem Schweigen oder dem Bekenntnis überlassen ist, wird es nicht leicht sein, Simone Weils Thesen gerecht zu werden; sie leben aus der Vernunft und münden ins Bekenntnis. Einem Bekenntnis gerecht zu werden oder es gar zu beurteilen, wie man wissenschaftliche Sätze und Thesen beurteilt, ist unmöglich. Man kann aber wohl dem Weg zu diesem Bekenntnis nachgehen und die Einsichten, die sie dabei gewann, und die Irrtümer, denen sie verfiel, nach- und aufzeichnen. Man kann schließlich das sprachliche Dokument ihrer Bemühungen, das seine Leuchtkraft einer ungewöhnlichen geistigen Leidenschaft verdankt und daher Stil und Format hat, als ästhetisches Gebilde betrachten, obwohl sie das selbst gewiß abgelehnt hätte; aber jeder Ausdruck und jede Mitteilung fallen ja unsrer Welt und ihren Kategorien zu.

Simone Weil ist keine »Schriftstellerin« gewesen. Sie war nicht produktiv. Sie hat nicht geschrieben, um zu schreiben und etwas zu erschaffen, das für sich stehen konnte, sondern Schreiben war für sie – neben starken kritischen und pädagogischen Impulsen – vor allem eine Übung. – Eine Übung, die sich zwischen Demut und Rebellion bewegte und wichtig war, solange für sie der Abstand zwischen »wissen« und »von ganzer Seele wissen« nicht überbrückt war. Sie war eine Fanatikerin der Genauigkeit, in ihrem Denken und ihrem Leben, einer Genauigkeit, die ebenso aufs kleinste wie aufs größte gerichtet war, die ihr Denken und Leben in extreme Situationen manövrieren mußte.

1. SPRECHER Simone Weil wurde im Jahre 1909 in Paris als das zweite Kind wohlhabender jüdischer Eltern geboren. Ihrem älteren Bruder – der heute Professor für Mathematik an der Universität Chikago ist – verdankte [sie] ihre frühe Beschäftigung mit Literatur und Wissenschaft, ihre bald überdurchschnittlichen Kenntnisse schwieriger Materien. Nach beendigter Schulzeit studierte sie Philosophie bei Alain, trat dann in die École Normale Supérieure ein und verließ sie als Agrégée de Philosophie – das entspricht nur äußerlich unserem Doktor phil., da es weitaus schwerer zu erreichen ist. Bis zum Ausbruch des zweiten Weltkriegs unterrichtete sie – mit freiwilligen und unfreiwilligen Unterbrechungen – an verschiedenen höheren Schulen. Sie nahm sehr früh am politischen Leben Frankreichs teil und kämpfte in den Reihen der extremen Linken, ohne jedoch einer politischen Formation anzugehören. Ihre Partei war die der Armen, Schwachen und Unterdrückten, und dieser namenlosen Partei trat sie auf ihre Weise bei. Sie nahm

Urlaub vom Lehrberuf, ließ sich unter fremden Namen als Fräserin in den Renault-Werken einstellen, lebte mit und unter den Arbeitern und unter denselben Bedingungen, unter denen damals der größte Teil der französischen Arbeiter zu leben hatte. Ihr erstes Experiment konnte sie nicht zu Ende führen. Eine Brustfellentzündung zwang sie, die Arbeit aufzugeben.

Als der Spanienkrieg ausbrach, schloß sie sich den Roten an, ging an die katalanische Front und half, wo sie konnte. Sie lehnte es nur ausdrücklich ab, von der Waffe Gebrauch zu machen. Aber wieder mußte sie aufgeben; diesmal war es ein Unfall, der sie zwang, nach Frankreich zurückzukehren. Sie hatte sich die Füße mit siedendem Öl verbrannt.

Im Sommer 1940, als sich die Deutschen Paris näherten, entschloß sie sich, ihre Eltern nach Marseille zu begleiten, verließ sie aber dann, um einige Monate aufs Land als Landarbeiterin zu gehen. Aus dieser Zeit rührt ihre Begegnung mit dem Philosophen und Laientheologen Gustave Thibon. Nach der täglichen Arbeit in den Weinbergen setzt sie abends ihre Studien der griechischen Philosophie und Literatur und der indischen Philosophie fort und begann, sich der Mystik zuzuwenden.

Kurze [Zeit] darauf finden wir sie wieder in Marseille. Auf Anregung des Dominikanerpaters Perrin hält sie Vorträge in der Krypta des Dominikanerklosters über Plato und die Pythagoreer. Endlich konnten ihre Eltern sie bewegen, mit ihnen zu emigrieren. Gemeinsam fuhren sie in die Vereinigten Staaten. Simone Weil aber, die die Gerechtigkeit eine »Flüchtlingin aus dem Lager des Siegers« genannt hatte, fühlte, daß sie in das Lager des unglücklichen Frankreich gehörte. Sie begrüßte die Résistance, verließ schon nach wenigen Monaten das gastliche Amerika und ging nach London zu Maurice Schumann, um in der Exilregierung zu arbeiten. Ihr Wunsch, in einer Mission nach Frankreich geschickt zu werden, wurde ihr abgeschlagen. Man fürchtete ihrer Rassenzugehörigkeit wegen das Schlimmste für sie in einem Land, in dem die Gestapo hauste. Um aber wenigstens die Entbehrungen der Franzosen zu teilen, verzichtete sie auf ihre höheren Lebensmittelrationen zugunsten von Flüchtlingen.

Hunger und Überanstrengung aus vielen Jahren erschöpften sie. Mit einer akuten Lungenschwindsucht mußte sie in ein Sanatorium gebracht werden und starb kurz darauf in Ashford in der Grafschaft Kent, am 24. August 1943, noch nicht vierunddreißig Jahre alt. Über ihre letzten Tage berichtet niemand. Sie war dort wohl allein. Ihre wenigen Freunde waren in Frankreich.

WEIL »Die Agonie ist die letzte dunkle Nacht, deren selbst die Vollkommenen bedürfen, um die absolute Reinheit zu erreichen; und darum ist es besser, daß sie bitter sei.«[1]

ERZÄHLER Kennt man die Lebensgeschichte der Weil, so möchte man meinen, sie sei – vor allem im politischen und sozialen Kampf des Europa der Vorkriegs- und Kriegsjahre – ein Mensch gewesen mit einem starken Bedürfnis mitzuleiden und mitzukämpfen, und zu jedem Opfer bereit. Ihr Leben wäre, so gesehen, ein seltenes Beispiel von Menschlichkeit, aber als solches unsichtbar und ruhmlos geblieben wie soviele geopferte Leben.

Die Integrität ihres Lebens soll auch unangetastet bleiben und für sich sprechen. Sprechen wollen wir von ihrem Denken, ihrer geistigen Hinterlassenschaft und den Manifestationen ihres Denkens auf den verschiedenen und verschiedenartigen Stationen ihres Wegs, zu dem sie sich ausdrücklich berufen fühlte. Wir müssen darum, obwohl wir nicht außer acht lassen werden, daß ihre Berufung eine »geistliche« war, das Augenmerk zuerst auf ihr soziales und politisches Denken lenken. Die Triebfeder dieses Teils ihrer Persönlichkeit ist sehr stark gewesen, und so bekannte sie noch spät:

WEIL »Die Betrachtung des Sozialen ist eine ebenso wirksame Reinigung, als zöge man sich [aus] der Welt zurück, und darum war es nicht verkehrt, daß ich mich solange mit der Politik eingelassen habe . . .«[2]

1. SPRECHER Simone Weil erregte zum erstenmal öffentlich Aufsehen, als sie, die Professorin in [Le] Puy, für die in diesem Gebiet streikenden Arbeiter eintrat. Sie hatte damals Kontakt mit einer Gruppe aufgenommen, deren Sprachrohr die linksextremistische Gewerkschafts-Zeitschrift ›*Révolution prolétarienne*‹ war. Noch größeres Aufsehen erregte sie aber unter den Arbeitern selbst. Man hatte dort für Leute ihrer Art nichts übrig, verdächtigte sie, zu jenen Intellektuellen zu gehören, deren Sympathisieren mit dem Proletariat auf einem Mißverständnis beruht, die aus einem Gefühl der Unsicherheit und Leere der Faszination durch das ganz Andersartige erliegen. Diese Arbeiter, mit ihren konkreten Schwierigkeiten befaßt, liebten es überhaupt nicht, [daß] diese Art von Intellektuellen ihre Nase in ihre Angelegenheiten steckten. Das Zusammentreffen mit Simone Weil mag ihnen im Anfang daher unliebsam gewesen sein; später beunruhigte es sie. Sie waren beunruhigt durch ihre weit bessere Kenntnis der sozialistischen Theorien, durch ihre glänzenden Geistesgaben und ihr brennendes und reines Interesse für die Situation, in der sich die französischen Arbeiter damals befanden, und ihr rücksichtsloses Eintreten für eine Beßrung der Lage.
Simone Weil hatte keinen leichten Stand. Sie war sehr jung und nicht anziehend, wenig liebenswürdig, ohne Charme, unnachgiebig und von tödlichem Ernst. Aber sie war auch durch und durch wahrhaftig, zäh und unbeirrbar, und sie setzte sich durch. Sie gewann diese Männer, die über sie den Kopf schüttelten, zu Freunden.

Wie sie auf sie gewirkt hatte, charakterisiert am besten der tragikomische Ausspruch eines dieser französischen Arbeiter, der, als er von ihrem Tod hörte, tief erschüttert sagte:

ARBEITER »Sie hat nicht leben können; sie ist zu gelehrt gewesen und hat nie gegessen.«

2. SPRECHER Simone Weil war ein »überspannter« Mensch: von einer unerhörten cerebralen Intensität einerseits und einer völligen Ignoranz materiellen Bedürfnissen [gegenüber] andererseits. Sie wollte die Arbeiter zum Denken zwingen, ihnen ihre Lage klarmachen. Denn sie sah, daß der Gedankenlosigkeit der Arbeitgeber die Gedankenlosigkeit der Arbeiter gegenüberstand. Sie wollte das Übel bei der Wurzel anfassen und befand sich nur insofern in einem Irrtum, als [sie] voraussetzte, daß alle Menschen geistige Möglichkeiten gleich ihr selbst hätten. Sie tat es nicht aus Hochmut, sondern aus Naivität und bemerkte selten, daß sie auf ihren intellektuellen Ausflügen, an denen sie die anderen teilhaben lassen wollte, allein gelassen wurde. Mme Thévenon, die Frau eines der Führer der syndikalistischen Bewegung, erzählt in ihren Erinnerungen an Simone Weil aus dieser Zeit jedoch so Verständiges über ihr Wesen und ihre Ideen, daß man annehmen darf, Simone Weil sei, trotz ihrer Ungeschicklichkeit Menschen gegenüber, auf sie nicht ohne Wirkung geblieben.

MME THÉVENON »Sie war sehr einfach, und obwohl ihre Kultur der unsrigen so weit überlegen war, konnten wir mit ihr lange Gespräche in einem brüderlichen Ton führen. Es gefiel ihr bei uns, sie lachte mit uns und bat uns oft zu singen – nicht immer sehr orthodoxe Sachen. Wenn wir bei ihr waren, saß sie in ihrem häßlichen Zimmer, in dem es kaum Möbel gab, auf dem Ende ihres Eisenbettes und rezitierte griechische Verse, die wir nicht verstanden, die uns aber trotzdem Freude machten, weil wir ihre Freude darüber fühlten. Dann gab es manchmal ein unvergeßliches Lächeln von ihr, einen Blick des Einverständnisses in spaßhaften Situationen; diese Seite ihres Wesens trat selten in Erscheinung, des Ernstes wegen, mit dem sie allen Dingen begegnete...«

2. SPRECHER Da Simone Weil jedem Konformismus abgeneigt war und jeder ihrer Gedanken die Luft der Freiheit atmete, bezwang sie auch ihre Umgebung. Sie kämpfte für keine Utopie, sondern für den Tag. Sie glaubte auch an kein ideales Programm für die Lösung der Arbeiterfrage, sondern eher an Lösung der Probleme von Schritt zu Schritt. Sie stellte sich [auf] den Boden der Wirklichkeit oder, wie sie selbst es ausgedrückt hätte, in das »Unglück«, dem sie sich mitverhaftet wußte in jeder Form, in der es in der Welt auftritt. Redlich denken hieß für sie: vom Gegebenen aus denken.

1. SPRECHER Wir wissen aus ihrer Biographie schon, daß sie den Lehrberuf eine Zeitlang aufgab und in die Renault-Werke als Fräserin eintrat. Sie hat damals ein ›Fabriktagebuch‹ geführt, aus dem wir einige Stellen lesen wollen, um zu zeigen, daß [sie], ehe sie formulierte, die Erfahrungen machte, die sie dazu berechtigten und befähigten. Dieses Tagebuch ist nicht überarbeitet und stilisiert worden, sondern hält echt und unmittelbar fest, was ihr jeden Tag begegnet. Es ist die Begegnung mit der Monotonie und der moralischen und psychischen Leere, die die Arbeit in den großen Fabriken in den Arbeitern erzeugt. In Rechnung ziehen müssen wir dabei freilich auch die besonderen Zustände französischer Fabriken in jenen Jahren, aber man kann nur von vielen Besonderheiten auf das Allgemeine schließen.

2. SPRECHER Simone Weil arbeitete damals in einer Schicht, die von 14 h 30 bis 22 h dauerte. So sind die angegebenen Uhrzeiten zu verstehen. Sie schreibt also im Jahr 1935 an einem Donnerstag:

WEIL »Mit einem außerordentlich peinlichen Gefühl ging ich heute in die Bude. Jeder Schritt kostet mich etwas: (moralisch, wenn ich hingehe; wenn ich nachhause gehe, ist es physisch). Ich befinde mich in einem Zustand halber Verirrung, in dem ich mir vorkomme wie ein Opfer, ausgesucht für irgendwelche harten Schläge ... Von 2 h 30 bis 3 h 35 400 Stück erledigt. Von 3 h 35 bis 4 h 14 verlor ich Zeit durch den Monteur. Alles was ich falsch gemacht habe, muß ich neu machen – dann große Stücke – langsam und *sehr* hart durch die neue Einstellung der Maschine. Ich gehe zum Vorarbeiter – Auseinandersetzung – Ich fange wieder an – ich schleife mir die Spitze des Daumens ab (Da haben wir ihn, den harten Schlag!) – Ambulanz – um 6 h 15 sind 500 Stück fertig – Für mich liegen keine Stücke mehr vor – (Ich bin so müde, daß ich mich erleichtert fühle!). Aber man verspricht mir neue. Schließlich habe ich noch bis 7 h 30 Zeit und bisher nur 500 Stück von 1000 fertig ... Um 8 h weitere 245. Dann habe ich den Rest sehr leidend in weiteren anderthalb Stunden beendet ... Um 9 h 40 bin ich frei. Immerhin 16 Francs 45 verdient!!! ... Ich gehe müde weg.«[3]

2. SPRECHER Drei Wochen später, wieder an einem Donnerstag:

WEIL »Heute Drama in der Fabrik. Man hat eine Arbeiterin entlassen, weil sie 400 Stück verdorben hat. Sie ist tuberkulös, hat einen halb arbeitslosen Mann und Kinder (wahrscheinlich von einem andern), die von der Familie des Vaters erzogen werden. Gefühle der andern Arbeiterinnen: eine Mischung von Mitleid und jenes typische ›es geschieht ihr recht‹, wie die kleinen Mädchen in der Schule sagen. Sie soll eine schlechte Kameradin und Arbeiterin gewesen sein. Als Entschuldigung hat sie das Licht angeführt – denn nach 6 h 30 löscht man alle Lampen. – Wieder Auseinandersetzungen – Kommentare der Arbeiterinnen: ›Bei dem schlechten Licht habe ich schon ganz andere Sachen gemacht!‹ ›Sie hätte nicht mit dem Vorarbeiter streiten sollen, sie hätte den Unterdirektor aufsuchen und ihm sagen sollen: Ich habe Unrecht, aber . . .‹ ›Wenn man sein Brot verdienen will, muß man tun, was von einem verlangt wird.‹ ›Wenn man sich sein Leben verdienen will, muß man gewissenhafter sein.‹«[4]

2. SPRECHER Ohne Datum:

WEIL »Die völlige Unwissenheit über das, was man zu bearbeiten hat, ist außerordentlich demoralisierend. Man hat nicht das Gefühl, daß ein Produkt das Ergebnis der Mühe ist, die man drauf verwendet. In keiner Weise fühlt man sich dem Produzenten zugehörig. Man hat auch keineswegs das Gefühl, daß eine Beziehung zwischen Arbeit und Einkommen besteht. Die Tätigkeit scheint willkürlich auferlegt und willkürlich belohnt. Man hat ein wenig den Eindruck, man gehöre zu jenen Kindern, denen die Mutter, um sie still zu halten, Perlen einzufädeln gibt, indem sie ihnen Bonbons verspricht.«[5]

2. SPRECHER An einem Samstag:

WEIL »Entsetzliche Kopfschmerzen. Verzweiflungszustand. Nachmittags geht es mir besser, aber ich weine mich bei B. aus.«[6]

2. SPRECHER Montag:

WEIL »Leclerc läßt mich rufen. Er schnauzt mich an, weil ich diese Stücke gemacht habe, ohne vorher mit ihm zu sprechen. Dann fragt er mich nach der Nummer. Ich bringe ihm mein Heft, er schaut es sich an und wird freundlich, freundlich . . .«[7]

2. SPRECHER Mittwoch:

WEIL »Lohn: 255 Francs (ich fürchtete, nicht einmal 200 zu bekommen) – für 81 Stunden.
Nachts: nicht geschlafen.«[8]

2. SPRECHER Ohne Datum:

WEIL »In allen andren Formen der Sklaverei liegt die Sklaverei in den Umständen. Nur hier wird sie in die Arbeit selbst getragen.

Auswirkungen der Versklavung auf die Seele . . .[9]

Der Inhaber einer Fabrik: Ich habe diese und jene kostspieligen Genüsse und meine Arbeiter leiden Not. Er mag ein durchaus aufrichtiges Mitleid für seine Arbeiter empfinden und trotzdem die Beziehung nicht herstellen.

Denn eine Beziehung entsteht nur dann, wenn das Denken sie herstellt.«[10]

1. SPRECHER Die Beziehungen durch das Denken versuchte Simone Weil in den Schriften, die sich ausdrücklich mit der Lage der Arbeiterschaft, der »Rationalisierung«, der Frage der Menschenrechte beschäftigen, herzustellen, vor allem und noch einmal zusammengefaßt in den »Präludien zu einer Deklaration der Pflichten gegen den Menschen«,[11] die ihr politisches Testament darstellen.

Wir können nicht jede einzelne ihrer Schriften vornehmen, wollen aber versuchen, das Leitmotiv, das alle beherrscht, aufzusuchen und ihre prinzipiellen Gedanken darzustellen. Das Elend – dem Unglück entsprungen – tritt in verschiedenen Formen auf. Die sichtbarste Art des Elends sieht Simone Weil im sozialen und politischen Sektor, weil diese Art des Elends dem Menschen den Weg zur Freiheit verstellt. Es müssen also zuerst diese niedrigsten Formen des Elends behandelt werden, mit dem Ziel einer sozialen Ordnung, eines sozialen Gleichgewichts. Darum spricht sie zu den Arbeitern und versucht, sie aufzuklären über die Ursachen ihres Elends, die sie im Taylorismus, genauer: in Taylors System der Rationalisierung der Arbeit, sieht, das zusammen mit dem Fordschen System, das Höchst-Produktion intendiert, mehr oder weniger konsequent in den Fabriken zur Anwendung gelangt. Was ist das für ein System, das auf wissenschaftlicher Basis beruht, fragt sie, und sie antwortet:

2. SPRECHER Man errechnet, in welcher Zeit eine bestimmte Arbeit getan werden kann, und legt diese Zeit als Norm den Arbeitern auf. Durch Prämien, Überwachung und unnachsichtliche Kündigung bei Nichterfüllung der gestellten Ansprüche werden die Arbeiter zu Höchstleistungen angespornt. Taylor war sehr stolz auf dieses System, weil es an die Interessen sowohl des Arbeitgebers wie des Arbeiters rührte, beide aus dem System äußere Vorteile gewannen und nicht zuletzt für den Konsumenten die Waren dadurch billiger wurden. Er meinte, so alle sozialen Konflikte beseitigt und die soziale Harmonie geschaffen zu haben. In dem System aber, so erläutert Simone Weil, liegt die perfekteste Sklaverei, die sich ausdenken läßt. Es habe die Arbeiter in eine völlige Isolation geführt; im Konkurrenzkampf werde die Solidarität der Arbeiter zerstört. Die Arbeitsteilung schließlich führe zu menschlicher Atomisierung in den Fabriken und schaffe dort die unvergleichliche Monotonie. Ford sagt, daß die monotone Arbeit für die Arbeiter nicht unangenehm sei, und er hatte damit recht, da ein Mensch sich an nichts leichter gewöhnt als an Monotonie. Mit dieser Gewöhnung aber beginne der moralische Zerfall des Menschen.

Simone Weil bekämpft darum auch heftig die Anwendung der Psychotechnik – die sich damals übrigens noch in einem Anfangszustand befand – und meinte, daß unter der Diktatur ihrer Berechnungen, etwa über einsetzende Ermüdung, Abnehmen der Aufmerksamkeit nach soundsoviel Arbeitsstunden usw., die Versklavung perfekt werde. Denn niemals werde ein Psychotechniker die Zeit errechnen und präzisieren können, in der ein bestimmter Arbeiter (und nicht der abstrakte, durch ein Mittel errechnete Arbeiter) eine Zeit lang oder kurz findet. Es ist nur der Arbeiter selbst, der es sagen kann.

1. SPRECHER Nach der Behandlung dieser »internen« Probleme kommt sie in dem Aufsatz ›La Condition Ouvrière‹ auf das damit verbundene umfassende Problem zu sprechen: eine nur nationale Behandlung der Produktionsfragen.

2. SPRECHER Sie geht in ihrer Analyse von der Betrachtung des Produkts aus. Ein Produkt ist zum Beispiel ein Auto. Ein Auto kann verschiedenes sein; in unsren Augen ist es ein nützliches Transportmittel, das nicht mehr wegzudenken ist. Autos sind aber nicht nur da, um früher oder später auf den Straßen zu fahren, sondern auch eine permanente Waffe im Kampf zwischen der Autoproduktion Frankreichs, Italiens, Deutschlands usw. Selbst wenn man in den Fabriken eines Landes im Interesse der Arbeiter die Arbeitszeit verkürzen wollte, könnte man das nicht. Man würde Gefahr laufen, von der ausländischen Autoproduktion an die Wand gedrückt zu werden. Eine Regelung könne nur auf internationaler Basis erfolgen und auf eine gleichmäßige Beschränkung der Produktion lauten. Simone Weil sagt, daß es keinen Fortschritt bedeute, wenn die Statistiker feststellten, die Produktion sei noch einmal und schon wieder gesteigert worden – es sei im Gegenteil ein Rückschritt in die äußerste und schrecklichste Sklaverei. Den deutlichsten Ausdruck findet dieser hektische Konkurrenzkampf in der Rüstungsproduktion, die ohne internationale Regelung natürlich von keinem Land eingeschränkt wird.

1. SPRECHER Die Forderungen Simone Weils, die in den Dreißigerjahren noch einen hohen Prozentsatz Hoffnung auf Verwirklichung enthielten, nehmen sich heute freilich nur mehr illusorisch aus, so wenig sie von ihrer Überzeugungskraft auch verloren haben. Sie schrieb so-

gar in einer Zeit, wo sie kaum ahnen konnte, wie recht sie – schon in bezug auf Hitler – behalten sollte:
Wenn die internationale Praxis immer mehr vernachlässigt werde, könnte es zwar zu einem nationalen sozialen Fortschritt kommen. Aber er ginge Hand in Hand mit einer zunehmenden Diktatur. In den Diktaturen schließen sich die Grenzen hermetisch gegen ausländische Produkte, gegen die Berührung mit Menschen und den Austausch mit Menschen aus andren Ländern. Es treten ein: Vollbeschäftigung, höhere Löhne und in Verbindung damit der Aus- und Aufbau einer enormen Rüstungsindustrie.

2. SPRECHER Von all dem unberührt bleibt aber – so oder so – das »Unglück« des Arbeiters. Sie nennt es »mysteriös« und zählt zum Unglück auch das Unglück der Arbeiter, nicht gut über ihr eigenes Unglück sprechen zu können. Denn tun sie es, so sprechen sie darüber in den Phrasen von Menschen, die keine Arbeiter sind. Die Parolen der Arbeiter kommen, zum größten Teil, [von] Nichtarbeitern.
Die Fabrik mit ihrer von der Weil unnachahmlich geschilderten Atmosphäre, ihrem Rhythmus, der im Menschen das Gefühl aufkommen läßt, nicht mehr über sich selbst verfügen zu können, eines Menschen, der sich zwischen Maschinen bewegt, die in Bewegung sind, schafft die Unfreiheit des Arbeiters. Er ist in der Fabrik nicht »bei sich«. Wird die Monotonie unterbrochen, so wehren sich die Arbeiter insgeheim. Das ist richtig. Der Grund ist aber, daß die neue Arbeit angeordnet und gemacht werden muß wie die alte. Bezug auf den Arbeiter haben beide nicht. Die Anordnungen sind überhaupt das einzige, was sich ändert. Macht man in einer Minute zehn Stück, zehn Handgriffe, so ist schon gewiß, daß man in der nächsten Minute wieder zehn Stück, zehn Handgriffe machen wird, und so weiter; bis zur näch-

sten Anordnung. Vielmehr aber liegt das Leiden noch außerhalb der Arbeitszeit, Hingang und Heimgang und der freie Sonntag, auch ein paar gewonnene Minuten während der Arbeitszeit etwa durch Nichtfunktionieren der Maschine, sind »Zufall«. Er lebt sein Leben zwischen Monotonie und Zufall. Der Zirkel ist nicht zu durchbrechen.

1. SPRECHER Das Unglück ist ein Mysterium, wiederholt sie immer wieder. Und macht die überraschende Wendung: auch wenn die Arbeitszeit, die Arbeitsbedingungen sich bessern würden (und das ist heute wohl in einigen Ländern zum Teil geschehen) – das Unglück bleibt bestehen. Was für ein Unglück.

2. SPRECHER Das Unglück ist, daß der Arbeiter keine Zukunft hat; denn wenn er sich »hinaufarbeitet«, ist er kein Arbeiter mehr. Es steckt in seiner Existenz ein Paradox. Ein Dentist, der am Verhungern ist (und jeder andre, der einen Beruf hat), ist auch ein Dentist, wenn er reich geworden ist. Ein Arbeiter jedoch, der es zu einer Fabrik bringt, ist kein Arbeiter mehr, sondern ein Fabriksdirektor.

1. SPRECHER Daran läßt sich nichts ändern, auch wenn er sich »Genosse« oder wie immer nennen würde.

2. SPRECHER Es gibt also viele Formen des Freiseins, traurige und würdige, aber nur eine Form der Sklaverei. Was den Versklavten über die Monotonie hinaus bleibt, ist der kurzlebige Wunsch [nach] Abwechslung, Vergnügung, und daneben stehen die Versuchungen: Faulheit, Ekel, Degout. Das Oszillieren zwischen Mahlzeiten und Arbeit und Ausruhen und wieder Arbeit, dieses »Essen um arbeiten zu können und arbeiten um essen zu können«, das Fehlen des Ziels, einer »finalité«, ist das Kennzeichen der nackten Existenz.

Simone Weil meint daher, daß die Revolte gegen soziale Ungerechtigkeit nötig sei; sie ist da, um das Böse einzuschränken, um das Gleichgewicht annähernd herzustellen. Den Arbeitern jedoch eine erfolgreiche Revolte gegen ihr wesenhaftes Unglück zu versprechen, sei eine Lüge.

WEIL »Diese Lügen führen zum Mißbrauch der besten Kräfte der Arbeiter. Sie versprechen ihnen ein Paradies, das unmöglich ist. Marx sagte, daß die Religion Opium fürs Volk sei. Nein, die Revolution ist Opium fürs Volk. Die revolutionären Hoffnungen sind stimulierend. Alle finalen Systeme sind grundfalsch.«[12]

ERZÄHLER Um den nächsten Schritt Simone Weils verstehen zu können, müßten wir schon ihre Konzeption der Welt kennen. Wo sie die Lösung zu finden vermeint, betreten wir schon das Vorfeld ihres Glaubens. Und um ihr folgen zu können, wollen wir nur vorausschicken, daß sie an Gott glaubte. Die besondere Form ihres christlichen Gottglaubens, ihren die Häresie streifenden »Katholizismus«, der sich weigerte, der Kirche als einer nicht »katholischen«, nicht »universalen« beizutreten, wollen wir uns noch vorbehalten. Sie sieht also das unlösbare Unglück des Arbeiters, sein wesenhaftes Unglück, als eine besondre Auszeichnung an. Denn ein Mensch, der keine Möglichkeit hat, seinen Wunsch auf Ziele zu richten, auf nichts, was sein könnte oder sein wird, kann seinen Wunsch nur richten auf etwas, das existiert.

WEIL »Das ist die Schönheit. Alles, was schön ist, ist Objekt des Verlangens, aber man begehrt nicht, daß es anders sei, man begehrt nicht, es zu ändern – man begehrt es, wie es ist ... Was man begehrt, ist genau das ... was man besitzt. Da das Volk gezwungen ist, sein Verlangen auf etwas zu richten, was es schon besitzt, ist die Schönheit für das Volk da und das Volk für die Schönheit ... Das Volk hat ein Bedürfnis nach Poesie, wie es ein Bedürfnis nach Brot hat. Nicht nach Poesie, die in Worte gesperrt ist. – Es hat das Bedürfnis, daß die tägliche Substanz seines Lebens selbst Poesie sei.

Eine solche Poesie kann nur eine Quelle haben. Die Quelle ist Gott. Diese Poesie kann nichts andres als Religion sein.«[13]

2. SPRECHER Simone Weil meint damit, daß das fundamentale Unglück des Arbeiters einen Leerraum zwischen dem Menschen und Gott schafft. Der Blick eines Menschen, dem keine Wünsche, kein Ziel die Sicht verstellen, brauchte nur den Kopf zu heben und aufzuschauen, dann merkte er, daß ihn von Gott nichts trennt. Die Schwierigkeit wäre nur, ihn dazu zu bringen, den Kopf zu heben.

1. SPRECHER Nun wäre es aber falsch, zu glauben, daß sie damit das soziale Unglück, die Mißstände jeder Art, rechtfertigen will. Wir sagten schon an andrer Stelle, daß sie für die Revolte gegen soziale Mißstände eintritt, und sie hat es auch tatsächlich getan, als sie im Jahr [1936] den Streik der französischen Metallarbeiter unterstützte, ihn mit begeisterten Worten begrüßte. Nur das wesenhafte Unglück des Menschen ist für sie nicht entfernbar, wohl aber das Beiwerk, das akzidentelle Unglück, das dem Menschen die Kraft nimmt, den Kopf zu heben. Später formuliert sie es so:

WEIL »Man soll das Unglück, soweit man es vermag, aus dem sozialen Leben entfernen, denn das Unglück dient nur der Gnade, und die Gesellschaft ist keine Gemeinschaft von Auserwählten. Es wird immer noch genügend Unglück für die Auserwählten geben.«[14]

2. SPRECHER Daß [sie von] jeder Sentimentalität, auch bei ihrem unbedingten Eintreten für die Unterdrückten, frei war, und daß sie sich in ihrem Kampf und die Kämpfenden sozusagen sub specie eternitatis sah, geht daraus hervor, daß sie, was auf den ersten Blick sehr befremdend wirken muß, den sozialen und

politischen Sektor als dem »Bösen« zugehörig bezeichnet.

WEIL »Das Gute hat keinen Anteil am Sozialen ...[15] Das Soziale ist unaufhebbar der Bereich des Fürsten dieser Welt. In Hinsicht auf das Soziale hat man nur die eine Pflicht, zu versuchen, das Böse einzuschränken.«[16]

2. SPRECHER Denn:

WEIL »Das Soziale verleiht dem Relativen den Anstrich des Absoluten. Dagegen hilft nur der Gedanke der Relation. Die Relation sprengt den Rahmen des Sozialen.«[17]

2. SPRECHER Aber damit haben wir schon einen neuen Wegabschnitt erreicht. Die Etappen ihres Wegs überschneiden sich natürlich – obwohl es zur Kristallisation ihres religiösen Denkens erst in den letzten Lebensjahren kommt, und obwohl die soziale und politische Problematik der Dreißigerjahre der Boden bleibt, in den sie ihre Wurzeln schlug und das Material der Zeit zur Entmaterialisierung [– – –].

Simone Weils Gottesliebe und ihr Weg zu Gott sind von besonderer Art. Sie ist eine Einzelgängerin. Es ist uns auch deshalb nicht in den Sinn gekommen, sie mit den andren christlichen Geistern Frankreichs ihrer Zeit in einen Zusammenhang zu stellen, und es ist wohl auch kein Zufall, daß sie die Namen Péguy, Bernanos, Bloy nie erwähnt; es ist fraglich, ob sie sie kannte, ignorierte oder ihnen ablehnend gegenüberstand. Ihre Beziehung zur Literatur und Philosophie des 20. Jahrhunderts scheint nur schwach vorhanden zu sein, ‹...›. Sie erwähnt einmal Arthur Koestlers ›Spanisches Testament‹, das sie wohl in Zusammenhang mit dem Spanienkrieg berührte. Einmal Proust, da Valéry, einmal Joseph Conrad, die sie schätzte. Wirklich beschäftigt haben sie ganz andre Dinge, abgesehen von den Gesellschaftstheorien, die das soziale und politische Leitbild bestimmten. Es sind die griechische Literatur, vor allem die ›Ilias‹, die griechische Philosophie, vor allem Platon, auch die Pythagoreer. Sie übersetzte aus dem Griechischen, interpretierte Texte, weil sie meinte, [daß] »vorchristliche Intuitionen« ihr Wesen seien. Es bleibt natürlich die Frage offen, ob die griechischen Konzeptionen des Gottesbegriffs und der Gotteserkenntnis Vorwegnahmen waren oder sich nur nachträglich als Vorwegnahmen ausnehmen, nachdem sie [in] christlichen Konzeptionen absorbiert oder assimiliert wurden. Simone Weil neigt überhaupt in ihrer Auseinandersetzung mit Texten, seien es griechische, die der Mystiker oder die ›*Upanishaden*‹, die ›*Bhagavadgita*‹, Shakespeare oder Racine, zu einer glühenden Liebe und Verehrung – während sie andererseits nur rigorose Ablehnung kennt: das Alte Testament, Aristoteles, die römisch-lateinische Literatur erwecken ihr zum größten Teil Widerwillen; sie muß verwerfen, wo sie nicht lieben kann. Ihr gilt nur, was »Offenbarungen« empfing, bzw. wo sie solche zu sehen fähig ist. Ihre Kritik scheint oft anmaßend, und sie in allem zu teilen, wird kaum jemand möglich sein, eher schon ihre Bewunderung für das meiste zu teilen, das sie der Bewunderung wert fand. Dies, weil sie in einigen ihrer Schriften auf eine neue und faszinierende Weise die Schönheit alter Texte mitzuteilen versteht.

So klingen die Worte Eliots, die er für sie und ihr Werk fand, begütigend und einsichtig, wenn er empfiehlt, Geduld bei der Beschäftigung mit ihr zu haben:

ELIOT »Sicherlich konnte sie ungerecht und maßlos sein, sicherlich beging sie einige erstaunliche Irrtümer und Übertreibungen, aber diese tollkühnen Behauptungen, welche die Geduld des Lesers auf eine harte Probe stellen, entstammen nicht einer Schwäche ihrer Intelligenz, sondern einem Überschuß an Temperament ... Was ihren ... Geist angeht, so war er der Seele, die sich seiner bediente, würdig. Aber der Intellekt kann nur langsam zur Reife gelangen – besonders, wenn er Problemen nachsinnt wie denen, die Simone Weil beunruhigten. Und schließlich darf man nicht vergessen, daß Simone Weil mit dreiunddreißig Jahren starb. Sie hatte eine sehr große Seele, zu der ihr Intellekt emporwachsen mußte . . .«[18]

ERZÄHLER Aus diesem Grund wollen wir es auch vermeiden, ihren Urteilen über dieses und jenes zu große Beachtung zu schenken – nicht weil diese Urteile keine Aufmerksamkeit verdienen, sondern weil wir ihren Weg im Auge behalten wollen, der sie zwar andauernd auch mit Literaturen und Philosophien in Berührung brachte, immer aber ihr eigener blieb.

Man spricht heute gern von den »Pilgern zum Absoluten«. Nun, Simone Weil pilgert, einfach gesagt – nicht. Ihr Weg ist eine »via negativa«, ein Weg von Gott weg, um den Abstand zwischen sich und Gott zu vergrößern. Und dieser unendliche Abstand, [in] den sie durch die Annahme des äußersten »Unglücks« gebracht wird, soll es ihr möglich machen, Gott nicht als Individuum, als Persönlichkeit zweifelnd oder glaubend gegenüberzustehen, sondern als ausgelöschte und nackte Existenz die Gnade zu erfahren. So wird uns also, unter den Händen, ihr vielseitiges und vielschichtiges Werk zum Zeugnis reiner Mystik, vielleicht dem einzigen, das wir seit dem Mittelalter erhalten haben. Unter diesem Aspekt, dem einer nicht nachvollziehbaren Inspirierung, müßte man wohl ihre Niederschriften sehen, um ihnen gerecht zu werden.

1. SPRECHER Ein System, etwa philosophischer Art, enthalten die Schriften Simone Weils nicht. Dort, wo sich Ansätze zu einem System zeigen, sind [sie] sogar schwach; sie sind stark im »rapport« – ein Wort, das sich schwerlich ins Deutsche übersetzen läßt und meint das In-Beziehung-Setzen. Der »rapport« findet statt

zwischen ihrer Vernunft und dem abwesenden Gott, denn in allem, was wir sehen, denken, erleben, erfahren, ist Gott nicht.

WEIL »Gott kann in der Schöpfung nicht anders anwesend sein als unter der Form der Abwesenheit.«[19]

»Man muß Gott in einen unendlichen Abstand rücken, um ihn als an dem Bösen unschuldig vorzustellen; anderseits zeigt das Böse an, daß man Gott in einen unendlichen Abstand rücken muß.«[20]

»Diese Welt, insofern sie Gottes gänzlich leer ist, ist Gott selbst.«[21]

»Man muß in einer Einöde sein. Denn der, den wir lieben sollen, ist abwesend.«[22]

»Nichts, was existiert, ist unbedingt liebenswürdig. Also muß man das lieben, was nicht existiert.«[23]

1. SPRECHER Diese Sätze Simone Weils zeigen schon den Nullpunkt an, auf dem sie verharrt. Sie verharrt aber dabei nicht im Nichtstun, sondern im Tun und Denken. Aufmerksamkeit, Erfüllung der »strikten menschlichen Pflicht«, das Mögliche vollbringen, das Abmühen ins Leere hinein, die Mühen, um das Böse einzuschränken, sind die tätigen und geistigen Voraussetzungen für den Kontakt mit »geistlicher Wirklichkeit«. Denn, so sagt sie:

WEIL »Ein völlig Gelähmter macht keine Wahrnehmungen.«[24]

2. SPRECHER Unbedingt abzulassen ist aber von allem, was von diesem Nullpunkt täuschend entfernt: das Suchen nach Trost, Hoffnung, Heilmittel gegen das Leiden, jede Verdrängung der Leere durch Einbildung.

WEIL »Die Einbildungskraft ist unablässig bemüht, alle Ritzen zu verstopfen, durch welche die Gnade eindringen könnte.«[25]

»Die Einbildungskraft, welche die Leerräume ausfüllt, ist ihrem Wesen nach lügnerisch.«[26]

»Vergangenheit und Zukunft erschweren die heilsame Wirkung des Unglücks, indem sie imaginären Erhebungen unbegrenzten Spielraum bieten. Deshalb ist der Verzicht auf Vergangenheit und Zukunft als erster zu leisten.«[27]

2. SPRECHER Die zentralen Vorstellungen der christlichen Religion nun, die dem Gläubigen tröstlich sind, werden von ihr auch in dieser erschreckenden Konsequenz gedacht. So folgert sie: die göttliche Barmherzigkeit bestehe in der gänzlichen Abwesenheit der Barmherzigkeit Gottes auf Erden. Und der Glaube an die Unsterblichkeit als Verlängerung des Lebens verhindere nur den rechten Gebrauch des Todes. Diesen Glauben habe man sich zu verbieten, Gott zuliebe, denn es stehe nicht in unsrer Macht, uns die Seele entkörpert vorzustellen.

1. SPRECHER Aber sie denkt so, weil sie vor allem eines vermeiden will: nämlich einen imaginären Gott zu schaffen, ein neues »Großes Tier« – der Ausdruck ist Platons ›Politeia‹ entnommen –, das sich zu den andren »Großen Tieren« gesellen würde. Zu den »Großen Tieren« zählt sie alles, was Macht ausübt und Macht ausgeübt hat.

WEIL »Rom: das atheistische, materialistische Große Tier, das nur sich selbst anbetet. Israel: das religiöse Große Tier. Keines von beiden ist liebenswert. Das Große Tier ist immer abstoßend.«[28]

»Soweit der Marxismus auf Wahrheit beruht, hat er seine völlige Darstellung bei Plato in den Seiten über das Große Tier gefunden, in denen auch schon seine Widerlegung enthalten ist.«[29]

»Der Dienst des falschen Gottes . . . läutert das Böse, indem er das Grauen davor beseitigt. Wer ihm dient, dem scheint nichts mehr böse, außer den Verfehlungen im Dienste. Der Dienst des wahren Gottes aber läßt das

Grauen vor dem Bösen bestehen, ja er steigert noch seine Heftigkeit.«[30]

2. SPRECHER Daß die heftigsten Kritiken Simone Weils gegen alle Totalitarismen in direktem Zusammenhang mit ihrer Gottesliebe stehen, ist daraus schon verständlich. Einen Punkt wollen wir aber herausgreifen, um ihre Stellung zur katholischen Kirche klarzustellen. Sie lehnt, in einem Atemzug mit den Großen Tieren, von Allah bis zum Marxismus, vom römischen Imperium bis zu Hitler, auch den Gott des Alten Testaments ab. Nun ist aber der göttliche Auftrag Israels die Basis des Neuen Testaments, mithin der christlichen Kirche. Eliot ist der Ansicht, daß ihre Verwerfung Israels sie daran hinderte, eine rechtgläubige Christin zu werden, daß die Schwierigkeiten, die ihr daraus entstanden, ihr die Konversion unmöglich machten. Es mag sein, daß dies zutrifft, sicher ist jedenfalls, daß sie die Konversion nicht wollte. Die Gründe hat sie in den Briefen an den Dominikanerpater Perrin dargelegt, das Persönlichste und Wärmste, was sie geschrieben hat. Hier ist ein Mensch, der sie zum ersten Mal versteht, nicht über sie den Kopf schüttelt. Ihre Schroffheit verwandelt sich ‹— — —›.

WEIL »Beständig zu der Annahme bereit sein, daß ein anderer etwas anderes ist als das, was man in ihm liest, wenn er zugegen ist (oder wenn man an ihn denkt). Oder vielmehr in ihm . . . lesen, daß er gewiß etwas anderes, vielleicht etwas völlig anderes ist als das, was man in ihm liest . . . Jedes Wesen ist ein stummer Schrei danach, anders gelesen zu werden.«[31]

2. SPRECHER Die Briefe an Perrin stammen aus dem Jahr 1942, eh sie Europa verläßt, das ist ein Jahr vor ihrem Tod. Sie erklärt darin, warum sie in die Kirche nicht eintreten kann.

WEIL »Das Christentum muß alle Berufungen ohne Ausnahme in sich fassen, da es katholisch ist. Also die Kirche ebenfalls. Aber in meinen Augen ist das Christentum katholisch *de jure* und nicht *de facto*. So vieles liegt außerhalb seiner, so vieles, das ich liebe und nicht aufgeben will, so viele Dinge, die Gott liebt; denn sonst hätten sie kein Dasein. Die ganze unermeßliche Erstreckung der vergangenen Jahrhunderte, mit Ausnahme der letzten zwanzig; alle von farbigen Rassen bewohnten Länder; das ganze weltliche Leben in den Ländern weißer Rasse; in der Geschichte dieser Länder alle der Ketzerei beschuldigten Überlieferungen, wie die Überlieferung der Manichäer und Albigenser; alles, was von der Renaissance seinen Ausgang genommen hat, was zwar allzuoft entwürdigt, aber doch nicht völlig wertlos ist.

Da das Christentum *de jure* und nicht *de facto* katholisch ist, so erachte ich meinesteils mich für berechtigt, der Kirche als ein Mitglied *de jure* und nicht *de facto* anzugehören . . .«[32]

2. SPRECHER Sie spricht von der Notwendigkeit der Kirche als kollektive Bewahrerin des Dogmas, hält es aber für einen Mißbrauch ihrer Amtsbefugnis, ihre Sprache unserer Vernunft und unserer Liebe als Norm aufzuzwingen.

WEIL »Dieser Mißbrauch ihrer Gewalt kommt nicht von Gott. Er entspringt der natürlichen Neigung jedes Kollektivs ohne Ausnahme, seine Gewalt zu mißbrauchen.«[33]

2. SPRECHER An einer anderen Stelle fährt sie fort:

WEIL »Damit die augenblickliche Haltung der Kirche wirksam wäre . . ., bedürfte es dessen, daß sie offen aussprüche, daß sie sich geändert hat oder sich ändern will. Wer könnte ihr andernfalls ernstlich Glauben schenken, wenn er sich der Inquisition erinnert? Verzeihen Sie, daß ich die Inquisition erwähne; daß ich sie hier heraufbeschwöre, ist mir um meiner Freundschaft für Sie willen, die sich durch Sie hindurch auf Ihren ganzen Orden erstreckt, sehr schmerzlich. Aber sie hat nun einmal existiert. Nach dem Zerfall des römischen Reiches, das totalitär war, war es zuerst die Kirche, die in Europa im 13. Jahrhundert nach den Albigenserkriegen so etwas wie einen Totalitarismus errichtet hat. Dieser Baum hat reiche Frucht getragen ... Im übrigen sind durch eine geschickte Übertragung dieses Gebrauches alle Parteien geschmiedet worden, die in unseren Tagen ein totalitäres Regime begründet haben. Dies ist ein Punkt der Geschichte, den ich besonders studiert habe.«[34]

1. SPRECHER Doch wäre es Unrecht, [nach] dieser Kritik der Kirche, des Teils der Kirche, der dem sozialen und politischen Sektor angehört, ihre tiefe Verehrung der christlichen Religion nicht ins Licht zu setzen. Christus ist für sie das Vorbild der Gerechtigkeit, weil er nackt und tot war. Daß er Kranke heilte, Tote auferweckte, scheint ihr das geringste an seiner Sendung zu sein, der menschliche Teil der Sendung; als den übernatürlichen Teil der Sendung bezeichnet sie sein unerfülltes Verlangen nach menschlichen Tröstungen, sein Gefühl der Gottverlassenheit. Durch dieses Gefühl kann man Gott gleichen wollen, nicht dem allmächtigen, aber dem gekreuzigten, für den Gott ebenfalls abwesend ist.

2. SPRECHER [In] allen ihren Gedanken, die sie Perrin noch einmal und eindringlich klarlegt, kehrt aber der Gedanke wieder, was »jetzt« zu tun sei. An einer Stelle spricht sie nun doch von einem Zeitgenossen – Maritain – und greift seine Forderung nach einem neuen Typus der Heiligkeit auf. Maritain freilich begnüge sich mit einer Aufzählung der Aspekte früherer Heiligkeit, die augenblicklich veraltet wären.

WEIL »Die Welt bedarf der genialen Heiligen, wie eine Stadt, in der die Pest wütet, der Ärzte bedarf.«[35]

2. SPRECHER Und sie hofft, daß, wo das Bedürfnis vorhanden sei, auch eine Verpflichtung entstehe.

ERZÄHLER Es ist müßig zu erklären, daß die Darstellung eines komplexen Werks und der zahlreichen Themen, die es behandelt, überdies ohne systematischen Zusammenhang, die Darstellung eines Lebens, das aufs engste mit diesem Werk verknüpft ist, sich auf wenige, wichtigste Züge, die man abliest, beschränken muß. Aber wenn es gelungen sein sollte, etwas von dem Phänomen Simone Weil sichtbar gemacht zu haben, steht noch etwas aus, eine Erklärung im Sinn des Worts.

Der erste Herausgeber – Gustave Thibon, der sie auch persönlich kannte – hat diese Erklärung schon teilweise abgegeben, in der begreiflichen Befürchtung, daß ihre Schriften nach der Veröffentlichung im Sinne der politischen Aktualität, worunter er vor allem parteipolitische Verzerrungen gemeint haben dürfte, ausgelegt würden.

THIBON »Keine soziale Gruppe oder Weltanschauung hat das Recht, sich auf sie zu berufen. Ihre Liebe zum Volk und ihr Haß gegen jede Unterdrückung reichen nicht hin, sie für die Linksparteien in Anspruch zu nehmen; ebensowenig berechtigen ihre Leugnung des Fortschritts und ihr Kult der Überlieferung, sie der Rechten einzugliedern. Jedesmal wenn sie sich politisch einsetzte, tat sie dies mit der nämlichen Leidenschaft, mit der sie alles betrieb; weit entfernt jedoch von jeder Vergötzung einer Idee, einer Nation oder Klasse . . .«

ERZÄHLER Das ist richtig, wenn man, der Genauigkeit halber, noch hinzufügt, daß nicht einmal die Kirche sie in Anspruch für sich nehmen kann. Sie ist überall auf der Schwelle stehen geblieben, konsequent bis zuletzt.

Simone Weils Werk im Sinn echter Aktualität auszulegen, die alle Aktualitäten einschließt, ist jedoch notwendig. So könnte es dazu beitragen, die Relationen zu sprengen, das »Große Tier« in jeder Form, in der es auftritt, zu erkennen. Wer es erkennt, wird ihm nicht mehr dienen, sondern mit aller Kraft versuchen, was es an Bösem erzeugt, einzuschränken. Das Eintreten für die Einschränkung des Bösen wird dann zu einer echten Pflicht der Gesellschaft gegenüber. Für Simone Weil war diese Pflicht eine, die »unter allen Umständen« getan werden muß, wenn die Nächstenliebe nicht ein leeres Wort bleiben soll. Sie ist eine universale Liebe und liebt den Menschen, der Hilfe braucht, ohne seinen Namen zu kennen. Grenzen, die dies verbieten, darf es nicht geben. So wollte sie – um ein Beispiel zu geben –, als die Deutschen bis tief nach Rußland eingebrochen waren, nach Rußland gehen, obwohl sie auch im Sowjetstaat ein Übel par excellence sah, eine Modifikation des Marxismus, des »Großen Tiers«. Da dies nicht möglich war, blieb ihr später genug Zeit, es unter Beweis zu stellen. Der Schmerz, den sie durch die Judenverfolgung und -vernichtung in Deutschland erlitt, das Elend des besetzten Frankreichs zerstörten sie psychisch, die Arbeit, die sie für die Linderung der Schmerzen andrer leistete, physisch.

Ihr Glauben an Gott, der [ihr] angesichts des zunehmenden Grauens manchmal unmöglich erschien, ist nicht zerstört worden. Die Beziehung, in die sie sich zum Absoluten setzte, war für sie tragfähig. Sie machte ihr die Liebe in der »schlechtesten aller möglichen Welten« möglich, weil sie Gott darin in Abrede stellte.

Von diesem mystischen Sich-in-Beziehung-Setzen können wir für uns nichts nehmen. Es wäre unsinnig zu behaupten, daß man daran teilhaben kann, es sich wie eine Erkenntnis zunutze machen kann. Im strengsten Sinn ist darum dieser Teil des Wegs von Simone Weil nicht gangbar. Er war immer nur wenigen vorbehalten und wird auch von den wenigen in verschiedener Weise beschritten. Er ist immer in verschiedener Weise beschritten worden und wird immer in verschiedenen Weisen beschritten werden.

Auf uns kommt aber davon, sofern wir dafür empfänglich sind, die Schönheit, die allem innewohnt, was rein gedacht und gelebt worden ist. Von ihr erhellt, erblicken wir immer wieder, was uns die Dunkelheit verdeckt, das unzerstörbare Gesicht des Menschen in einer Welt, die sich zu seiner Zerstörung verschworen hat.

WEIL »Ich war seelisch und körperlich gewissermaßen wie zerstückelt. Diese Berührung mit dem Unglück hatte meine Jugend getötet. Bis dahin hatte ich keinerlei Erfahrung des Unglücks besessen, außer meines eigenen, das, weil es das meinige war, mir von geringer Wichtigkeit schien, und das überdies nur ein halbes Unglück war, da es biologische Ursachen hatte und keine sozialen. Ich wußte wohl, daß es in der Welt sehr viel Unglück gab, die Vorstellung dessen peinigte mich unaufhörlich, aber ich hatte es niemals durch eine längere Fühlungnahme erfahren. Während meiner Fabrikzeit, als ich in den Augen aller und in meinen eignen mit der anonymen Masse ununterscheidbar verschmolzen war, ist mir das Unglück der anderen in Fleisch und Seele eingedrungen. Nichts trennte mich mehr davon, denn ich hatte meine Vergangenheit wirklich vergessen und ich erwartete keine Zukunft mehr, da mir die Möglichkeit, diese Erschöpfungszustände zu überleben, kaum vorstellbar erschien. Was ich dort durchgemacht habe, hat mich ... unauslöschlich gezeichnet ... Dort ist mir für immer der Stempel der Sklaverei aufgeprägt worden, gleich jenem Schandmal, das die Römer den verachtetsten ihrer Sklaven mit glühendem Eisen in die Stirn brannten. Seither habe ich mich immer als einen Sklaven betrachtet.«[36]

Die Welt Marcel Prousts – Einblicke in ein Pandämonium

Stimmen: Autorin, Sprecher

AUTORIN Als ich anfing, mir Notizen für diesen Essay über Marcel Proust zu machen, erhielt ich einen Brief von einer Redaktion, die sich auch für das Thema interessierte, mit einigen Bemerkungen, die ich hier voranstellen möchte. Denn sie veranlaßten mich, in Zweifel zu ziehen, was mir selbstverständlich erschien – nämlich daß das Romanwerk Prousts heute einem leidenschaftlichen Interesse begegnen müsse.

Man schrieb mir:

SPRECHER Wir können bei unseren Lesern, und ich bin weit davon entfernt das zu bedauern, nicht von vornherein ein literarisch snobistisches Interesse dafür erwarten. Womit wir im Gegenteil rechnen müssen, ist, bei den literarisch Interessierten, das gewisse Vorurteil gegen Proust als exklusiven, dekadenten, schwer lesbaren und auf alle Fälle längst überholten Schriftsteller, der im Grunde nur stilistische Probleme stelle.

AUTORIN So war ich gewarnt, die Wirkung dieses Werks vorauszusetzen und den Interpretationen, den vielen, die es schon gibt, eine weitere hinzuzufügen, die sich mit Stilanalyse, Strukturanalysen und seiner Komposition beschäftigt.

Die Proust-Literatur hat in Deutschland mit einem berühmt gewordenen Buch von Ernst Robert Curtius eingesetzt, der schon 1925 davon sprach, daß man den Autor der ›Suche nach der verlorenen Zeit‹ bald zusammen mit den Namen Balzac, Stendhal und Flaubert nennen würde. Später haben Walter Benjamin und in jüngster Zeit Günter Blöcker auf die neuen Wirklichkeiten bei Proust aufmerksam gemacht, und ich wüßte diesen ausgezeichneten Arbeiten nichts hinzuzufügen, wenn ich nicht den Wunsch hätte, selbst um den Preis zu großer Einseitigkeit, das Buch von dem Makel des Snobismus, des Ästhetizismus und des Klassizismus zu befreien, mit dem es für viele behaftet zu sein scheint. Denn es ist für den, der es richtig zu lesen versteht, ein hartes, tragisches und revolutionäres Buch, das die Tradition nur fortsetzen kann, weil es mit ihr bricht. Weil es so umfangreich ist wie Tausendundeine Nacht, voll von Beziehungen und Welthaltigkeit, wird es viele Möglichkeiten geben, es zu lesen, und eine könnte sein, es auf Glanz und Faltenwürfe, Nuancen und Schwingungen hin anzusehn – eine andre aber gewiß, in das neue Inferno einzutreten, das dieses Buch enthält, die Höllenkreise, in denen Prousts Menschen, hier und jetzt verdammt, leben. Uns ist heute bekannt, daß Proust sein Buch ursprünglich nicht ›*Auf der Suche nach der verlorenen Zeit*‹ nennen wollte, sondern ›*Sodom und Gomorra*‹ – er behielt diesen Titel schließlich aber nur für einen der Bände bei. Ähnlich erging es vor ihm Baudelaire, dessen ›*Blumen des Bösen*‹ eigentlich unter dem Titel ›*Die Lesbierinnen*‹ erscheinen sollte. In Prousts Tagebüchern gibt es eine Stelle, die sich mit diesem seltsamen Vorhaben auseinandersetzt.

SPRECHER »Wie konnte Baudelaire sich derart für Lesbierinnen interessieren, daß er sie auf den Titel seines Hauptwerkes setzen wollte? Wenn ein Autor wie Vigny gegen die Frau voreingenommen ist und das mit dem Mysterium ihrer besonderen Physiologie und Psychologie erklärt, dann begreift man, daß er in seiner enttäuschten und eifersüchtigen Liebe geschrieben hat: ›Die Frau wird in Gomorra sein und der Mann in Sodom.‹ Zumindest sind sie unversöhnliche Feinde, die er weit voneinander entfernt. ›Und sich verwirrte Blicke zuwerfend von fern, werden die beiden Geschlechter sterben, jedes auf seiner Seite . . .‹ Bei Baudelaire liegt der Fall keineswegs so.«[1]

AUTORIN Auch bei Proust liegt der Fall nicht so. Aber es ist vorerst zu überlegen, wie man sich den erschreckenden Wahrheiten, auf deren Suche dieses Buch ist, nähern soll. In die beiden verfluchten Städte Sodom und Gomorra tritt Proust als erster Schriftsteller ein, fast zwangsläufig bei den Untersuchungen von Individuum und Gesellschaft. Zwar war dieses Thema schon lange virulent, von Saint Simon über Balzac bis Zola, der gestand, daß es von höchstem psychologischem und sozialem Interesse sei, daß er aber vergeblich nach einer Form, es zu präsentieren, gesucht habe, die kein »Geschrei« zur Folge haben könne. Proust fürchtet das Geschrei nicht, nur den Beifall von der falschen Seite, die seine künstlerischen Absichten gar nicht zu erkennen vermag. Doch es gelang ihm, beides zu verhindern, durch die überzeugende Reinheit der Darstellung. Die Kritik protestierte kaum, aber bis heute wird diesem Teil seines Werks eine passive Resistenz entgegengebracht, oder er wird einfach totgeschwiegen. Einer der ersten französischen Kritiker schrieb:

SPRECHER Es ist schrecklich. Ich kann nicht darüber sprechen!

AUTORIN Aber jedesmal, wenn ein neuer Schriftsteller in eine noch unerforschte, ungestaltete Domäne eintritt, erscheint es wie ein Sakrileg. Als Dumas der Jüngere die Prostitution und als Flaubert den Ehebruch, beides seit jeher existierend, zu Objekten genauester Darstellungen machten, waren diese auch noch kein Gegenstand der Kunst gewesen. Der Geschmack der Leser allerdings ist, damals wie heute, charakterisiert durch einen Horror vor jeder Gegenüberstellung mit der Realität. Aber da es oft nur einer Generation bedarf, um neue Wahrheiten wahrhaben zu können, dürfte die Zeit gekommen sein, Prousts Kühnheiten affektlos zu sehen.

Seiner Kompositionsmethode zufolge hat er die beiden biblischen Städte nicht nur in ein oder zwei Kapiteln wiedererweckt, sondern er nimmt das Motiv auf, immer wieder; es durchwirkt sein ganzes Buch, bis es im letzten Band, von dem noch zu sprechen sein wird, in einer finstren schauerlichen Szene während des Krieges zu einer Vision menschlichen Elends und Untergangs führt.

Im Anfang verstehen wir die Anspielungen kaum, wenn wir den Baron de Charlus kennenlernen, um den sich später als den Großmeister von Sodom alle anderen Figuren gruppieren, und von ihm erklärt wird, daß er seine verstorbene Frau sehr betrauere – »aber wie eine Cousine, wie eine Großmutter, wie eine Schwester.«

Die Frage, die Proust sich, Baudelaires wegen, stellte, stellen wir uns seinetwegen. Wie konnte er und warum konnte er sich so sehr für die sexuelle Inversion interessieren? Warum ist seine Welt zur Hälfte bevölkert mit Menschen wie Charlus und Morel, Jupien und Saint-Loup, und auf der anderen Seite mit Mademoiselle Vinteuil und deren Freundin, mit Albertine und Esther? Und wie kann er uns ein verbindliches Menschenbild und ein Bild menschlicher Leiden und Leidenschaften geben an Hand dieser Figuren?

Man könnte meinen, daß er, wie André Gide in denselben Jahren, nach einem neuen Lebensgefühl gesucht hätte, daß er auf Rechtfertigung und Verklärung und die Wiedererweckung eines griechischen Ideals aus gewesen wäre. Doch Proust steht der Sinn nicht nach Romantik, sondern nach der Wahrheit und nach nichts als der Wahrheit. Er geht von der Voraussetzung aus, die

Inversion sei eine unheilbare Krankheit, also pathologisch, und folgert:

SPRECHER   »Eine Idealisierung von Sodom ist nicht möglich. Seit tausendneunhundert Jahren ist die ganze Ho-
mosexualität der jungen Leute von Platon und der Hir-
ten Vergils verschwunden. Ihre Verherrlichung als eine
Passion des Menschen, die er frei wählt, aus Geschmack
an der Schönheit, der Freundschaft und der männlichen
Intelligenz, ist eine Absurdität. Nur die Genies, die groß
genug und unabhängig sind, um über ihrer Zeit in einer
jungen und frischen Welt zu leben, vermögen sich zu einer sublimen Freundschaft zu erheben. In den anderen
entsteht nur eine Verwirrung; sie verwechseln ihre Ma-
nie mit einer Freundschaft, die ihr in nichts gleicht. So
ist diese Leidenschaft weder der Ausdruck für ein
Schönheitsideal, noch für eine satanische Ausschwei-
fung, denn das würde bedeuten, daß sie gewollt ist.
Sie ist aber eine Krankheit, deren Folgen sozialer Art
sind.«

AUTORIN   Es kommt also Proust darauf an, das Phänomen neu zu untersuchen. Neben der mysteriösen Laune
der Natur, wie sie zu Anfang des Bandes ›Sodom und
Gomorra‹ von ihm beobachtet wird, der der Baron de
Charlus und der Hausverwalter Jupien gehorchen, wird
ihn immer mehr und vor allem daran die Auseinandersetzung zwischen Individuum und Gesellschaft beschäftigen. Die latente Revolte des Einzelnen gegen die Gesellschaft, der Natur gegen die Moral, führen ihn zum
Begriff des »homme traqué«, des gehetzten, umstellten
Menschen, für den der Invertierte nur ein besonders
deutliches Beispiel ist.

Darum vermögen wir uns zu identifizieren mit der
menschlichen Struktur der Proustschen Menschen. Darum auch sind die Menschen Dostojewskijs, die fast
durchwegs Epileptiker sind, wie er selber einer war, für

uns nicht seltsame Kranke oder Irre, sondern Leiden-
de und Liebende, mit denen wir uns identifizieren können.

Für das Bild des »homme traqué« liefert die Geschichte
der Invertierten die traurigsten Züge, denn sie ist eine
Geschichte der Lüge, des Verbergens und der Hypokri-
sie, lebenslänglicher Unruhe und Furcht. In dem Baron
de Charlus sind die dauernden Verdrängungen seiner
Leidenschaft der Schlüssel für seine Persönlichkeit. Seine Güte und seine Niedrigkeit, sein Zorn und sein Humor, seine bald tyrannische, bald geduckte Art wären
uns sonst nicht begreiflich. Nietzsche fragt an einer Stelle den Fremden:

SPRECHER »Was begehrst du, was brauchst du, um dich
zu trösten? –

Um mich zu trösten ... was sagst du da! Gib mir, ich
bitte dich –

Was? Was! Vollende ...

Noch eine Maske. Eine andere Maske!«[2]

AUTORIN Das ganze Leben von Charlus wird mit einer
Maske gespielt. Nur sekundenlang, um sich denen, die
ihm gleichen, zu erkennen zu geben, wagt er eine Geste,
die sein wahres Wesen zeigt. Schon im nächsten Augenblick, zitternd vor Angst, entdeckt worden zu sein,
nimmt er eine Maske. In einem Salon ist er immer neben der elegantesten Frau zu finden. Jungen Männern
gegenüber trägt er Gleichgültigkeit, Hochmut, Arroganz
zur Schau. Er, der weich und hilfsbereit sein kann, wei-
gert sich, sich Leute vorstellen zu lassen. Und doch ist er
niemals sicher. Hegt jemand Zweifel? Verdächtigt ihn
jemand? Zuletzt ist nicht mehr er ein Rätsel für die anderen, aber alle, die ihn umgeben, sind Rätsel für ihn.
Für den maskierten Menschen trägt die ganze Welt eine
Maske, deren Anblick ihm qualvoll ist. Er kann seine
Freunde nicht mehr von seinen Feinden unterscheiden;

er meint, überall beleidigende Anspielungen zu hören; er empfindet jeden als Richter und steht ununterbrochen vor dem Tribunal.

Er beträgt sich wie ein Verbrecher, und unter Gleichen, als ob er einer Diebsbande angehörte. Schließlich geht er so weit, alle Welt des Lasters zu beschuldigen, um sich besser verteidigen zu können.

Die dämonisierte Sphäre um Charlus hat ihr Analogon in der gewöhnlichen, denn eine beherrschende Idee in Prousts Werk und Welt ist die Idee von der vergeblichen Suche des Menschen nach Freuden, nach »plaisir«. Diese Suche ist seine geheime Triebfeder und bestimmt uneingestanden seine Handlungen und sein Verhalten. Die Opfer, die er dafür bringt, stehen in keinem Verhältnis zur Erfüllung, da sie nie dann eintritt, wenn sie uns nötig ist, sondern erst zu einem Zeitpunkt, an dem wir längst auf der Jagd nach einem anderen Ziel sind.

Die Invertierten lassen uns nur, in noch höherem Maß, die Unmöglichkeit unseres Begehrens begreifen, da sie sich auf der Glücksuche noch wahnhafter verhalten, als wir es im allgemeinen schon tun.

SPRECHER » . . . wieviel größer ist dann ihr Glück als das Glück normaler Verliebter! Sie wissen, die üblichen Glücksfälle der Liebe scheiden für sie aus; deshalb fühlen sie, daß diese Liebe nicht wie die andere die Ausgeburt eines Augenblicks, nicht die Laune einer Minute ist, sondern tiefer im Leben wurzelt, . . . der Mensch, der da auf sie zutritt, kommt viel weiter her als aus der Minute eben; er war ihnen schon als Kind anverlobt; er gehörte ihnen schon vor der Geburt; er kam aus dem Vorhimmel, von den Sternen, auf denen unsere Seelen vor ihrer Inkarnation leben. Diese Liebe, werden sie versucht sein zu glauben, ist mehr als die andere Liebe, ist die wahre Liebe.«[3]

AUTORIN Die Idee der Liebe ist also eine andere als die

klassische und romantische, die bis zu dieser Zeit die Literatur beherrschte. Die Darstellungen der Liebe sind bei Proust ganz neu und basieren auf einer exakteren Untersuchung ihrer Entstehung, ihrer Kristallisation, ihres Erlöschens und zuletzt der Gleichgültigkeit.

Er kommt zu einer tragischen Liebesauffassung, auf die uns bisher der Blick verstellt war. Nicht der Wert der Frau oder des Mannes, die wir lieben, ist für die Tiefe unseres Gefühls und die Dauer der Leidenschaft maßgebend, sondern unser eigener Zustand. Wir tragen Musik, Flamme und Parfum an den anderen heran und nähren sein Wesen für uns. Deshalb sind die Liebesaffairen anderer für uns so schwer zu begreifen. Alle Liebenden bei Proust lieben eigentlich Menschen, die ihrer nicht würdig sind und oft tief unter ihnen stehen. Odette, eine Halbweltdame, zerstört dem überlegenen geistvollen Swann Jahre seines Lebens und die gesellschaftliche Position; Albertine, vulgär und mittelmäßig, wird die große Liebe des Erzählers und vergiftet und bezaubert ihn noch über ihren Tod hinaus; dem plebejischen Geiger Morel ist Charlus, einer der größten Herren Frankreichs, verfallen; der junge strahlende Saint-Loup verliert ein Vermögen an Rahel, die kurz zuvor noch jeder andere für ein paar Francs hätte haben können.

Alle Liebe ist glücklos, und unter ihrem grausamen Gesetz geraten die Liebenden in ein Räderwerk von Angst, Eifersucht und Lüge und einen Schmerz, den Tod und Abwesenheit noch nicht zu heilen vermögen. Erst das Vakuum, das aus dem Vergessen entsteht, erlaubt ihnen, sich wieder an die Wirklichkeit anzupassen – für eine Weile wenigstens, bis ein anderer Mensch an diese Stelle tritt. So hat der Erzähler, das Ich des Romans, jedesmal gedacht, ein einziger Mensch bedeute die ganze Welt: seine Großmutter, seine Mutter, Gilberte, die

Herzogin von Guermantes und Albertine, und jedesmal durchmißt er den Leidensweg, der die Liebe ist, bis die Zeit das Ihre tut und Vergessen sich einstellt.

Die tragische Auffassung der Liebe – Liebe als Katastrophe und Verhängnis – ist natürlich durch Prousts besondere Erfahrungen bestimmt und leidet hier und da an der »Übertragung«, die er vornimmt, so etwa von Albert in Albertine – aber nur insofern, als dauerhafte Beziehungen oder Ehen aus der Analyse herausgelassen werden.

Auch geben natürlich die Momente des Glücks, der Freude und Erfüllung ihren Geist auf in der Analyse und minutiösen Zergliederung. Zu den Ausnahmen gehören nur die Augenblicke der Kontemplation und einer mystischen Versenkung. Die berühmte Stelle, mit der der Band ›*Die Gefangene*‹ beginnt, wenn der Erzähler in den Anblick der schlafenden Albertine versunken ist, fällt mit dem Stillstand von Verlauf, Handlung und Bewegung zusammen; gleich darauf wird das Erwachen den Schmerz zurückbringen und die Hölle wieder da sein und es wird an dem Lügengewebe, in das beide ihre Stickereien kunstvoll eintragen, weitergearbeitet werden. Die Geheimnisse um Albertine werden wieder wirksam sein, die Schatten von Gomorra über sie fallen, und es wird Gespräche geben, die eine einzige Tortur sind:

SPRECHER »›Albertine, kannst du mir schwören, daß du mich niemals belogen hast?‹ Sie blickte starr ins Leere, dann antwortete sie mir: ›Ja, das heißt, nein. Ich habe unrecht gehabt, dir zu sagen, Andrée sei von Bloch sehr entzückt gewesen, wir hatten ihn gar nicht gesehen.‹ – ›Aber warum hast du es dann gesagt?‹ – ›Weil ich fürchtete, du könntest etwas anderes von ihr glauben; das ist alles.‹ Sie starrte weiter vor sich hin und fuhr fort: ›Ich habe auch unrecht gehabt, dir eine dreiwöchige Reise mit Léa zu verbergen. Aber ich kannte dich noch so wenig.‹ – ›War das vor Balbec?‹ – ›Vor dem zweiten Mal, ja.‹ Und am Morgen noch hatte sie gesagt, sie kenne Léa nicht! Ich sah einen ganzen Roman, an dessen Niederschrift ich Millionen Minuten verwendet hatte, auf einmal in Flammen aufgehn. Wozu nur? Wozu? Gewiß, ich verstand sehr gut, daß Albertine mir diese Dinge nur enthüllte, weil sie dachte, ich hätte sie indirekt von Léa erfahren, und daß kein Grund bestand, weshalb es nicht noch hundert ähnliche geben sollte. Ich begriff auch, daß die Antworten Albertines auf eine solche Reihe von Fragen niemals auch nur die kleinste Spur von Wahrheit enthielten. ›Aber zwei Dinge, das ist ja noch nichts‹, sagte ich zu ihr, ›wir wollen doch wenigstens vier zusammenbringen, damit ich eine Erinnerung an dich zurückbehalte. Was kannst du mir noch enthüllen?‹

Sie starrte noch immer ins Leere. Auf welche Vorstellung von ihrem künftigen Leben stimmte sie ihre Lügen ab, mit welchen Göttern, die sich als weniger wohlwollend erwiesen, als sie gemeint hatte, strebte sie eine Übereinkunft an? Das Ganze war offenbar nicht bequem, denn ihr Schweigen und die Starrheit ihres Blicks nahmen so bald kein Ende. ›Nein, nichts anderes‹, brachte sie hervor. Und trotz meines Beharrens versteifte sie sich jetzt mühelos auf dieses ›nichts anderes‹. Welche Lüge lag darin! Denn wie viele Male, in wie vielen Wohnungen, auf wie vielen Spazierfahrten mochte sie wohl, seit dem Tage, da sie diese Neigungen an sich entdeckt, bis zu dem, an dem ich sie bei mir einschloß, ihrer Lust nachgegeben haben. Lesbierinnen sind zugleich selten und doch zahlreich genug, um selbst in der größten Menschenmenge anderen ihresgleichen nicht unbemerkt zu entgehen. Von diesem Augenblick an aber ist es leicht, in Verbindung zu treten.«[4]

AUTORIN Im Mittelpunkt von Gomorra steht neben Albertine Mademoiselle Vinteuil, die Tochter des Komponisten, dessen Sonate und Septett in dem Buch eine so große Rolle spielen. Ihr Vater ist vor Gram über sie gestorben, dessen Bild ihr und ihrer Freundin nur zu gewohnheitsmäßig profanierendem Spott dient. Aber ein paar Jahre später geschieht etwas Merkwürdiges. In einem Pariser Salon wird das Nachlaßwerk unter Bedingungen aufgeführt, von denen freilich kaum jemand etwas ahnt, aber die dem Erzähler den Gedanken eingeben, daß der öffentliche Ruhm und das unsterbliche Kunstwerk nur zu oft zueinander kommen durch ein Zusammenspielen der unreinsten Elemente. In diesem Fall war der unmittelbare Grund in den Beziehungen zu suchen –

SPRECHER »... die zwischen Monsieur de Charlus und Morel bestanden, Beziehungen, welche dem Baron den Wunsch eingaben, den künstlerischen Erfolgen seines jungen Abgottes einen möglichst großen Widerhall zu verschaffen und das Kreuz der Ehrenlegion für ihn zu erlangen; ein etwas weiter abliegender Grund, der diese Zusammenkunft ermöglicht hatte, bestand darin, daß eine junge Person mit Mademoiselle Vinteuil Beziehungen unterhielt, die denen von Charlus und Morel parallel liefen, und sie daraufhin eine ganze Reihe von genialen Werken ans Licht gezogen hatte, welche eine solche Offenbarung bedeuteten, daß unter dem Patronat des Unterrichtsministers bald darauf eine Subskription eröffnet werden sollte zu dem Zweck, Vinteuil ein Denkmal zu errichten.«[5]

AUTORIN Diese Allianz von erniedrigender Leidenschaft und Kunst ist, nach Proust, eines der rätselhaftesten Vorkommnisse des Lebens, und sie deutet wieder zurück auf seine Idee der Liebe, die zwar reine Illusion und Selbstbetrug ist, aber zugleich befähigt, die besten Kräfte freizumachen. Ohne die Leiden, selbst die erniedrigendsten, wären wir unmenschlich in unserer Selbstgerechtigkeit, und wir wären geistlos, weil nur der Schmerz uns instand setzt, andere zu verstehen und zu erkennen, zu unterscheiden und Kunst zu machen.

Das gespannte Verhältnis zwischen Individuum und Gesellschaft, seiner Intimsphäre und seiner öffentlichen Manifestation, erfährt noch eine Verschärfung durch die Macht- und Positionskämpfe, zu denen der Einzelne in der Gesellschaft dauernd gezwungen wird. Dieser Krieg aller gegen alle findet Ausdruck im Snobismus, besser gesagt in vielerlei Snobismen. Es gibt in Prousts Welt niemanden, keine Herzogin und keine Köchin, keinen Arzt und keinen Literaten, der nicht dabei betroffen würde, diese Waffen nach unten oder oben zu gebrauchen. Und wir sehen der Entlarvung aller zu. Die Ausgeschlossenen möchten Auserwählte werden, die Auserwählten verteidigen ihre Vorrechte und strafen die Ausgeschlossenen mit Verachtung. An welchen sozialen Gruppen Proust dabei seine Beobachtungen anstellt, bleibt gleichgültig, da seine Schlußfolgerungen allgemeingültig sind. Obwohl er ja nie Wert darauf gelegt hat, ausdrücklich als Gesellschaftskritiker aufzutreten, hat er doch diese Gesetzlichkeiten in einer stupenden Weise enthüllt und mit ausgedrückt. Der Vorwurf, er habe dem öffentlichen Leben, der gesellschaftlichen und politischen Entwicklung seiner Zeit gleichgültig gegenübergestanden, ist wohl der törichtste, der ihm je gemacht wurde. Man wird vielmehr einen Schritt weiter tun und mehr als eine Gesellschaftskritik in der ›*Suche nach der verlorenen Zeit*‹ sehen und sie als eine Gesamtschau der »conditio humana« begreifen.

Ich möchte mich jetzt noch einer anderen Seite von Prousts Werk zuwenden, die mit der eben aufgezeigten am Ende aber zusammentreffen soll; von dem letzten Band her gesehen, der ›*Wiedergefundenen Zeit*‹, gehen die entdeckten Wahrheiten in *eine* Bilanz ein. In diesem Buch führt uns Proust, der Autor, mit Marcel Proust, dem Ich des Romans, in das Paris des Ersten Weltkriegs, das nun nicht mehr die Stadt ist, in der er auf den Champs Elysées als Kind mit seiner ersten Liebe Gilberte spielte, auch nicht mehr die Stadt, in der er seine ersten gesellschaftlichen Erfolge hatte und den Zugang zu der Welt der Hocharistokratie fand, oder seines Lebens mit Albertine, der gefangenen und entflohenen Geliebten, sondern ein Paris, das sich nicht weniger verändert hat als seine Menschen – unter dem grausamen Zugriff überindividueller Leidenschaften.

SPRECHER »Die Stadt war wie eine schwarze Masse, die plötzlich aus den Tiefen der Nacht ins Licht des Himmels rückte, wenn ein Flugzeug nach dem anderen auf den gellenden Anruf der Sirenen in die Höhe schnellte, während mit einer langsameren, aber um so tückischeren und beunruhigenderen Bewegung – denn ihr stechender Blick ließ bereits an das noch unsichtbare und vielleicht schon sehr nahe Objekt denken, das er suchte – die Scheinwerfer unaufhörlich umhertasteten, den Feind aufspürten und in ihrem Licht einkreisten bis zu dem Augenblick, da jäh beschwingt sich die Flugzeuge auf ihn warfen. Geschwaderweise stiegen nacheinander die Flieger aus der in den Himmel entrückten Stadt walkürengleich empor.«[6]

AUTORIN Es ist die Zeit, in der, außer dem Krieg, alles außer Kraft gesetzt ist. Aber es ist nicht der Krieg, der geschieht, wo die Schüsse fallen, oder der abgemalt werden könnte auf einem Schlachtenbild, sondern seine Spiegelung, die wirklicher ist: sein Eindringen in die Sprache aller, sein Rückschlag auf das Leben in den Salons und auf die Mode und seine Fähigkeiten, aus Orten andere Orte zu machen. Der kleine Weißdornweg von Méséglise ist die Höhe 307 geworden. Die Brücke über die Vivonne und ihr Idyll ist gesprengt. Die Pariser Damen haben ihre Perlen abgelegt und tragen zum Beweis ihrer vaterländischen Gesinnung enge dunkle kriegsmäßige Tuniken über kurzen Röcken und Gamaschen, die an die der Poilus erinnern. Wer früher als Dreyfus-Anhänger geächtet war, ist es längst nicht mehr; die neuen Gegner in den Augen der Tonangebenden sind die Gegner der dreijährigen Dienstpflicht. Alle Varianten von Ansichten sind da, von der blinden Germanophilie bis zum blinden Deutschenhaß, und zwischen deren Repräsentanten steht versöhnlich Saint-Loup, der einstmals so strahlende Freund, der bald den Tod finden wird.

SPRECHER »Natürlich hatte auch die ›Kriegsgeißel‹ die Intelligenz Saint-Loups nicht über ihr Niveau emporgepeitscht. Ebenso wie Helden von mittelmäßiger und banaler geistiger Verfassung, wenn sie während der Rekonvaleszenz Gedichte schrieben, sich bei der Schilderung des Krieges nicht an bloße Tatsachen hielten, die in sich selbst nichts sind, sondern der banalen Ästhetik folgten, deren Regeln sie bislang hochgehalten hatten, und daraufhin, wie sie es zehn Jahre früher auch schon getan hätten, von ›blutiger Morgenröte‹ und dem ›bebenden Flügelschlag‹ des Sieges redeten, blieb Saint-Loup, der über sehr viel mehr Geist und künstlerisches Gefühl verfügte, gescheit und künstlerisch auch jetzt und berichtete mir mit viel Geschmack über die Landschaften, die er vor sich sah, während er am Rande eines sumpfigen Waldes unbeweglich festlag, in einer Weise, als sei er auf der Entenjagd. Um mir gewisse Gegensätze von Licht und Schatten zu veranschaulichen, die für ihn das ›Entzücken seiner Morgenstunde‹ gebildet hatten, zitierte er gewisse Bilder, die wir beide sehr liebten, und scheute sich nicht, auf eine Seite von Romain Rolland und sogar von Nietzsche mit der gewissen Unabhängigkeit von Frontsoldaten anzuspielen, die nicht von der gleichen Furcht beherrscht waren, einen deutschen Namen auszusprechen, wie die Leute in der Etappe, ja sogar eine gewisse prickelnde Koketterie dareinsetzten, den Feind zu zitieren . . .«[7]

AUTORIN Den Hinweis auf die Furchtbarkeit und [das] monströse Geschehen der Jahre erreicht Proust immer wieder durch solche Belichtungen. Wie die lyrischen Briefe des Freundes kontrastieren mit dem Schützengraben, in dem er liegt, so kontrastiert das Verhalten der Königin der Pariser Salons, Madame Verdurin, bei der Militärs und Politiker aus- und eingehen, mit dem Untergang der ›Lusitania‹.

SPRECHER »So veranstalteten die Verdurins ihre Diners – bald dann freilich tat es Madame Verdurin allein, denn Monsieur Verdurin starb kurz darauf – und Monsieur de Charlus ging seinen Vergnügungen nach, fast ohne daran zu denken, daß die Deutschen, allerdings durch eine immerfort erneute blutige Barriere zur Unbeweglichkeit verdammt – sich nur eine Automobilstunde von Paris entfernt befanden. Die Verdurins dachten allerdings doch daran, wird man sagen, da sie ja einen politischen Salon hatten, in dem jeden Abend die Situation nicht nur der Armeen, sondern auch der Flotten durchgesprochen wurde. Sie dachten tatsächlich an die Hekatomben vernichteter Regimenter und von den Fluten verschlungener Passagiere; aber eine jeweils entgegengesetzte Operation vervielfältigt in einem solchen Maße das, was unser eigenes Wohlsein betrifft, und dividiert andererseits durch eine so ungeheure Zahl, was nichts mit ihm zu tun hat, daß der Tod von Millionen Unbekannten kaum und beinahe weniger unangenehm als ein Luftzug unsere seelische Epidermis berührt. Da Madame Verdurin an Migräne litt, weil sie morgens keine Croissants mehr in ihren Milchkaffee tauchen konnte, hatte sie schließlich von Cottard ein Attest erlangt, das ihr gestattete, aus einem bestimmten Restaurant, von dem wir gesprochen haben, solche kommen zu lassen. Es war fast ebenso schwer gewesen, dies von den zuständigen Stellen zu erreichen, wie jemandes Beförderung zum General. Ihren ersten Croissant nahm sie an dem Morgen wieder zu sich, an dem die Zeitungen über den Untergang der ›Lusitania‹ berichteten.

Während sie nun den Croissant in den Milchkaffee tauchte und ihrer Zeitung kleine Stupse gab, damit sie sie aufgeschlagen halten konnte, ohne zum Umblättern die mit dem Eintauchen beschäftigte Hand zu benutzen, sagte sie: »Wie grauenhaft! Das ist ja fürchterlicher als die entsetzlichsten Tragödien!« Aber der Tod aller dieser Ertrunkenen mußte ihr wohl doch auf ein Milliardstel seiner Größe reduziert erscheinen, denn während sie mit vollem Mund diese trostlosen Überlegungen anstellte, war der Ausdruck, der auf ihrem Gesicht lag und wahrscheinlich durch den Wohlgeschmack des Gebäcks darauf hervorgerufen wurde, das ihr so unschätzbare Dienste bei ihrer Migräne leistete, eher der eines sanften Behagens.«[8]

AUTORIN Weil der Krieg auf den Roman Prousts eine tiefe überraschende Wirkung ausgeübt hat und fast den ursprünglichen Aufriß sprengte, scheint es mir wichtig, ein paar Proben und neue Gesichtspunkte, unter denen er seine Menschen sich pathologisch weiterentwickeln läßt unter dem Schock des Krieges, zu geben. Er wandte sich mehr und mehr einer schonungslosen Beobachtung der Kollektivgefühle zu, die so sehr den individuellen Gefühlen ähneln, und registriert in dieser hektischen krankhaften Atmosphäre die Entgleisungen der Menschen, der Klassen und Nationen. Noch mehr als im Fall der Affaire Dreyfus, der Proust zum erstenmal die ganze Problematik von Gesinnung und Gesinnungswandel, von Meinung und Meinungswandel abschaut, hat ihn

der Krieg herausgerissen aus der Welt des guten Ge-
schmacks, der Konvention und der aristokratischen und
artistischen Haltung dem Leben gegenüber. Erst durch
die Beobachtung der jähen Wandlung und der Konstanten im Krieg entrückt er seinen Standort allen Milieus,
die ihn verdächtig machen könnten, und vom Ende des
Buches aus gesehen, gewinnen alle Partien die richtigen
Akzente. So werden aus seinen Menschen die »Unge-
heuer«, die für uns eine erschreckende Gültigkeit haben.
Aus Saint-Loup wird ein Held, der er unbewußt schon
immer gewesen ist; Madame Verdurin schwingt sich mit
übertriebenen Chauvinismen zu den allerersten Kreisen
hinauf, [ein] ehemals antimilitaristischer Literaturkriti-
ker wechselt hinüber zur Betrachtung der militärischen
Ereignisse, Charlus, jetzt schon gemieden von vielen und
vereinsamt und einem entsetzlichen Verfall entgegenge-
hend, erinnert sich seiner bayerischen Vorfahren und
kann die Vernichtung Deutschlands nicht wünschen.

SPRECHER »Der Grund dafür lag in der Tatsache, daß in
diesen Streitigkeiten die großen Gesamtheiten von Individuen, die man Nationen nennt, sich ihrerseits in gewis-
sem Maße wie Individuen betrugen. Die Logik, von der
sie sich leiten lassen, liegt vollkommen in ihrem Innern
und wird unaufhörlich durch die Leidenschaft neu pro-
duziert wie diejenige von Menschen, die sich in einem
Streit unter Liebenden oder in einem häuslichen Zwist
gegenüberstehen, der Auseinandersetzung eines Sohnes
mit seinem Vater, einer Köchin mit ihrer Dienstherrin,
einer Frau mit ihrem Mann. Wer da unrecht hat, glaubt
gleichwohl recht zu haben – wie es bei Deutschland der
Fall war, und wer recht hat, liefert zuweilen für sein
gutes Recht Argumente, die ihm nur deswegen unwider-
leglich scheinen, weil sie seiner Leidenschaft entgegen-
kommen ... Um blind gegen das zu bleiben, was an der
Sache des Individuums Deutschland Unrechtes ist, und

in jedem Augenblick zu erkennen, was an der Sache des Individuums Frankreich Gerechtes ist, war das Sicherste für einen Deutschen nicht, kein Urteil zu besitzen, noch für einen Franzosen die Gabe gesunder Kritik, sondern das Sicherste war für den einen wie für den anderen, von Patriotismus durchtränkt zu sein.«[9]

AUTORIN Die Ironie Prousts bestätigt seinen souveränen unbestechlichen Blick für die Vorgänge, obwohl er persönlich im Krieg wie in der Affaire Dreyfus Partei ergriffen hat – für Frankreich, für Dreyfus. Aber es hat ihn nie gehindert, die Welt mörderischer Triebe, die ihn erst diese letzten Jahre kennenlernen ließen, zu untersuchen wie ein Wissenschaftler. Die Reife macht ihn menschenfeindlich, und auf einen zauberhaft beginnenden Roman, dessen Figuren noch zärtlich gesehen werden, folgt ein immer glanzloserer, die Menschen verfärben sich und werden schwärzer: die Herzogin von Guermantes verdirbt ganz und gar, Madame de Marsantes verrät hinter heuchlerischer Sanftmut den unheilbaren Stolz der Aristokratin, Saint-Loup wird zuletzt noch ein Bewohner Sodoms und Kunde bei dem völlig depravierten Jupien. Ohne den Krieg, der das Erscheinen des Romans verzögerte und Proust zur Weiterarbeit bewegte, wäre die ›Suche nach der verlorenen Zeit‹ viel kürzer ausgefallen und dem klassischen Ideal des französischen Romans nähergekommen; aber das Befremdende und Ozeanische, dem sie ihre Einmaligkeit verdankt, hätte sie nicht gehabt.

Wenn Proust uns die Hauptfiguren mit den Stigmen, die der Krieg ihnen aufdrückte, noch einmal vorgeführt hat, kommt die Nacht. Eine Nacht, in der der Erzähler unversehens in ein Pariser Bordell gerät. In dem Besitzer erkennt er Jupien, seinen alten Hausmeister, wieder, der zum Verwalter der Laster des Barons geworden ist. Die Ereignisse dieser Nacht bilden das Kernstück der Endphase; sie spielen sich im innersten Höllenkreis ab und sind ein Schauerstück menschlichen Elends und menschlicher Verdammtheit, in dem die Hefe von unten – aus dem Volk – mit der von oben – aus der Gesellschaft – zusammentrifft.

Für den allgemeinen Irrsinn steht dieser besondere. Für das große Pandämonium das kleine – und der Schriftsteller Proust, der Ästhet von vorzeiten, ist dort angelangt, wo der Aufenthalt im Grauen die Visionen von Grauen überflüssig macht. In dieser Nacht sagt ihm Jupien auch:

SPRECHER »Nicht nur Kinder, sondern auch Dichter werden mit Schlägen erzogen.«[10]

AUTORIN Und Proust, noch ganz unter dem Eindruck der Vorfälle in dem Haus, deren Zeuge er wurde, erwidert:

SPRECHER »Inzwischen aber ... stellt dieses Haus etwas ganz anderes, mehr noch als ein Narrenhaus dar, da der Irrsinn seiner Bewohner ausdrücklich in Szene gesetzt, verstärkt und zum Schauspiel erhoben wird; es ist zu einem wahren Pandämonium geworden. Ich hatte geglaubt, wie der Kalif in ›*Tausendundeine Nacht*‹ gerade im rechten Augenblick einem Manne zu Hilfe zu kommen, der geschlagen wurde; statt dessen aber erlebte ich die Aufführung einer anderen Erzählung aus ›*Tausendundeine Nacht*‹, derjenigen nämlich, in der eine in eine Hündin verwandelte Frau sich freiwillig schlagen läßt, um ihre einstige Gestalt wiederzuerlangen.«[11]

AUTORIN Aber niemand wird seine einstige Gestalt mehr wiedererlangen. Es ist die Stunde, in der alle zu »Pompejanern« geworden sind, auf die im nächsten Augenblick der Feuerregen niedergehen kann.

SPRECHER »Im Nu wurden die Straßen vollkommen schwarz. Manchmal nur beleuchtete ein feindliches Flugzeug ... den Punkt, an dem es eine Bombe abwerfen wollte. Ich fand meinen Weg nicht mehr. Ich dachte an den Tag, an dem ich bei meinem Ritt nach La Raspelière wie einem Gott, vor dem mein Pferd sich bäumte, einem Flugzeug begegnet war. Ich stellte mir vor, daß jetzt die Begegnung anders ausfallen, daß der Gott des Bösen mich vernichten würde. Ich schritt schneller aus, um vor ihm zu fliehen, einem Wanderer gleich, den die Springflut verfolgt, und machte einen Bogen um schwarze Plätze, aus denen ich nicht mehr herauszufinden vermochte ... Ich dachte an Jupiens Etablissement, das jetzt vielleicht in Staub und Asche gesunken war, denn eine Bombe war dicht in meiner Nähe niedergegangen, als ich gerade dieses Haus verließ, auf das Monsieur de Charlus prophetisch ›Sodoma‹ hätte schreiben können, wie mit nicht weniger Voraussicht, vielleicht aber auch schon zu Beginn des Vulkanausbruchs und der bereits im Gange befindlichen Katastrophe jener unbekannte Einwohner von Pompeji.«[12]

AUTORIN   Nach diesem makabren Nachtausflug wird das Kriegsende in ein paar kurzen Spiegelungen abgefangen, in Äußerungen, Nachrufen und Erwägungen, die den Jüngeren von uns erscheinen, als wären sie nicht nach dem Ersten Weltkrieg, sondern nach dem Zweiten geschrieben worden, in einer Denkweise, die uns glauben läßt, daß das Durchschauen der Fakten der Prophetie überlegen ist.

Die genaue Bestandsaufnahme dieses Positivisten, der sich keinen Blick über das Gegebene hinaus erlaubt, in dessen Welt kein Licht von oben kommt und dessen Ekstasen nur der Wahrheitssuche galten, hat mehr vom Mysterium des Menschen und der Dinge zutage gebracht als Unternehmungen mit höheren Aspirationen. Sie ist entstanden im Kampf des Geistes gegen die Zeit, gegen das Unvermögen, im flüchtigen realen Leben einen festen Punkt zu finden, eine Idee, von der her es geleitet hätte werden können.

SPRECHER »Wie viele wenden sich daher vom Schreiben
ab! Wie viele Verpflichtungen nimmt man nicht auf
sich, um gerade dieser einen zu entrinnen! Jedes Ereig-
nis, ob Dreyfus-Affäre, ob Krieg, hatte den Schriftstel-
lern andere Entschuldigungen geliefert, um nur jenes
Buch nicht entziffern zu müssen; sie wollten dem Recht
zum Sieg verhelfen, die moralische Einheit der Nation
neu erschaffen, sie hatten keine Zeit, an Literatur zu
denken. Aber das waren nur Ausflüchte, weil sie nicht
oder nicht mehr über Genie, das heißt Instinkt verfüg-
ten. Der Instinkt diktiert die Pflicht, der Verstand aber
liefert die Vorwände, um sich ihr zu entziehen. Nur gel-
ten in der Kunst keine Entschuldigungen. Absichten
zählen in ihr nicht; in jedem Augenblick muß der Künst-
ler auf seinen Instinkt lauschen, daher aber nun ist die
Kunst das Wirklichste, was es gibt, die strengste Schule
des Lebens und das wahre Jüngste Gericht.«[13]

AUTORIN So wird er zum Übersetzer, zum Interpreten jener Wirklichkeit, die sich ihm in der Zeit gezeigt hat und
die in ihm existierte, und sein Buch mußte hinauslaufen
auf die Preisgabe aller Menschen und Dinge, die ihn berührt hatten, weil anders die Wahrheit nicht zur Sprache
kommen konnte. Als Abschiednehmender kommt er
Jahre nach dem Krieg noch einmal zurück nach Paris in
die »Welt«. Er betritt noch einmal den Salon der Prin-
zessin von Guermantes und ist noch einmal überrascht.
Denn da so viele Jahre vergangen sind, sieht er sich
Menschen gegenüber, auf die die Asche gefallen ist, die
er nicht mehr erkennt, Greisen und Greisinnen, und jungen Leuten, die er noch nie gesehen hat. Was hat die
Zeit getan? – Alte Freunde sind überworfen und neue
Freundschaften geschlossen; politische Leidenschaften
erkaltet, Familien auseinandergefallen; die Klassen haben eine neue Verschiebung erfahren; Schönes und
Kostbares sind nicht mehr, und wer geliebt worden ist,

wird nicht mehr geliebt. Ein erbarmungsloser Strom hat Sieger und Besiegte fortgerissen, dem Tod entgegen. Aber auch ihn erkennt man nicht mehr. Er muß begreifen, daß auch er alt geworden ist – und eine Idee der Zeit kommt ihm, die jedes Nachleben, auch das der Kunst, in Frage stellt. Aber dieselbe Idee gibt ihm auch als einzige den schöpferischen Impuls und den Willen zur Ausführung des Kunstwerks. Er beginnt nun den Tod zu fürchten und die Tage zu zählen, nicht weil er seine eigene Zerstörung fürchtet, denn er fühlt, daß er schon durch alle Kreise gegangen und viele Male gestorben ist. Das Ich, das Albertine liebte, ist gestorben, als es sie zu lieben aufhörte, und das Ich, das die Herzogin von Guermantes liebte, als es sie zu lieben aufhörte. Er war nicht länger das Wesen, das solcher Leidenschaften und Leiden fähig war, sondern eines, das eine Arbeit vor sich sah, die um jeden Preis getan werden mußte. Das Grauen davor hat jedes andere abgelöst.

SPRECHER »Ich aber behaupte, das grausame Gesetz der Kunst besteht darin, daß die Wesen sterben und daß wir selbst sterben und dabei alle Leiden bis auf den Grund ausschöpfen, damit das Gras nicht des Vergessens, sondern des ewigen Lebens sprießt, der derbe, harte Rasen fruchtbarer Werke, auf dem künftige Generationen heiter, ohne Sorge um die, die darunter schlafen, ihr ›Déjeuner sur l'herbe‹ abhalten werden.«[14]

AUTORIN Er meint, auf einem Gipfel zu hocken und hinunterzuschauen in die Tiefe der Jahre, selbst gefährdet bei dem Versuch, sich mit aller Kraft festzuhalten, um nicht ins Gleiten zu kommen, und schließt sein Werk mit einem Satz, das dessen Anfang vorbereitet. Das Ende ist ein Beginn geworden. Das letzte Wort kommt vor dem ersten.

SPRECHER »Wenigstens würde ich, wenn mir noch Kraft genug bliebe, um mein Werk zu vollenden, in ihm die

Menschen (und wenn sie daraufhin auch wahren Monstren glichen) als Wesen beschreiben, die neben dem so beschränkten Anteil an Raum, der für sie ausgespart ist, einen im Gegensatz dazu unermeßlich ausgedehnten Platz – da sie ja gleichzeitig wie in den Jahren wesende Riesen an so weit auseinanderliegende, von ihnen durchlebte Epochen rühren, zwischen die unendlich viele Tage geschoben sind – einnehmen in der ZEIT.«[15]

AUTORIN   Aber wie ergeht es uns selbst, wenn wir auf diesen Roman zurückblicken, auf seine Stätten, die nicht die unseren sind, auf die Leben und Tode dieser Monstren, die er für uns aufbewahrt hat. Sie sind, meine ich, da, damit wir sie besetzen können, von einer neuen erschreckenden Offenheit, so daß wir in jeden Ablauf von Liebe, Eifersucht und Lüge, Ehrgeiz und Enttäuschung und endlich Wahrheit und Untergang eintreten können. Es ist ja kein Buch, das von diesem oder jenem handelt, sondern in dem diese und jene Grundfiguren mit Leben erfüllt werden können – ein Buch reiner Beziehungen, in dem jeder Satz und jede Stelle ein »Sesam öffne dich« ist und eine Tür in uns aufgehen läßt.

SPRECHER   »In Wirklichkeit ist jeder Leser, wenn er liest, ein Leser nur seiner selbst. Das Werk des Schriftstellers ist dabei lediglich eine Art von optischem Instrument, das der Autor dem Leser reicht, damit er erkennen möge, was er in sich selbst vielleicht sonst nicht hätte erschauen können. Daß der Leser das, was das Buch aussagt, in sich selber erkennt, ist der Beweis für die Wahrheit eben dieses Buches, und umgekehrt gilt das gleiche, wenigstens bis zu einem gewissen Grad, da die Differenz zwischen den beiden Texten sehr oft nicht dem Autor, sondern dem Leser zur Last gelegt werden muß. Zudem kann das Buch unter Umständen zu gelehrt und zu dunkel für einen naiven Leser sein und ihm infolgedessen nur ein getrübtes Glas zur Verfügung stellen, durch welches er nicht zu lesen vermag. Aber auch andere Eigentümlichkeiten (wie die Inversion) bewirken möglicherweise, daß der Leser auf eine bestimmte Art lesen muß, wenn er recht lesen will; der Autor darf sich daran nicht stoßen, sondern muß dem Leser möglichst viel Freiheit lassen, indem er ihm sagt: ›Sieh du selber zu, ob du besser mit diesem Glas, mit jenem oder mit einem anderen siehst.‹«[16]

AUTORIN Von dieser Freiheit, die Proust seinem Leser gibt, wurde hier Gebrauch gemacht, denn es gibt eben verschiedene Möglichkeiten, ihn zu lesen: als Gesellschaftskritiker, als Theoretiker der Kunst, als Philosophen – und es wurden hier auch einige Lesarten versucht, die freilich kein Bild des Ganzen ergeben können, aber versuchen sollten, ihn zu zeigen, wie er auch gesehen sein möchte – als den Schöpfer von Menschen, die von nun an unter uns sind mit ihren Leiden und Irrtümern zu unserem Trost, und als den Schöpfer von Orten, die wir zwar auf keiner Landkarte finden werden, die aber, weil sie von diesen Menschen bewohnt wurden, geliebt wurden und die Zeugen so vielen Elends waren wie jene wunderbaren Orte, die große Mythen an sich zogen und von Helden, Halbgöttern und Göttern bevölkert waren, von nun an bekannt sein werden. Für Proust selbst aber, der am Ende freiwillig auf alles verzichtet hat, um die gefangenen Bilder der Welt zu befreien, der, in vier kahlen Wänden in Einsamkeit und fastend und unter Schmerzen arbeitend, zu einem Mehr an Wahrheit für uns gekommen ist, zu dem vor ihm kein Schriftsteller kam, mag ein Wort stehen, das er in Bewunderung Ruskin nachgeschickt hat:

SPRECHER »Als Toter leuchtet er uns immer noch wie längst erloschene Sterne, deren Licht noch immer zu uns wandert ... Mit diesen für immer geschlossenen und in

Grabestiefe ruhenden Augen werden noch Generationen nach uns die Natur sehen.«[17]

AUTORIN Denn dieser Positivist und Mystiker, für den nur die Welt der Kunst absolut war und der sich aus der Gefangenschaft hier keinen Ausblick und keine Hoffnung erlaubte, schrieb doch von einer seiner Gestalten, nämlich dem Dichter Bergotte:

SPRECHER »Er wurde begraben, aber während der ganzen Trauernacht wachten in den beleuchteten Schaufenstern seine jeweils zu dreien angeordneten Bücher wie Engel mit entfalteten Flügeln und schienen ein Symbol der Auferstehung dessen, der nicht mehr war.«[18]

Anhang

Verzeichnis der Abkürzungen

Buchtitel

Sb   Gedichte Erzählungen Hörspiel Essays
                  (= Sammelband Piper)

Rundfunksender

BR	Bayerischer Rundfunk, München
HR	Hessischer Rundfunk, Frankfurt
NWDR Hannover	Nordwestdeutscher Rundfunk, Hannover
WDR	Westdeutscher Rundfunk, Köln
HF-Aufnahme	Hörfunkaufnahme

Verwendete Zeichen

[– – –]	a) Fehlendes Wort oder mehrere fehlende Wörter b) Text bricht ab
‹– – –›	Text nicht entzifferbar
‹. . .›	Text entzifferbar, aber ohne Sinnzusammenhang
[?]	Nicht gesicherte Entzifferung
[. . .]	Von den Herausgebern weggelassener Text
[ ]	Enthält von den Herausgebern eingesetzte Wörter oder Titel

Für die Textgestalt maßgeblich ist bei den veröffentlichten Texten der Abdruck letzter Hand, bei den Entwürfen, sofern mehrere Entwürfe vorliegen, ist es jeweils der am weitesten ausgeführte Entwurf.

Textvarianten zwischen den der Textgestalt zugrunde gelegten Texten werden nicht im Wortlaut angegeben, es wird lediglich auf ihr Vorhandensein hingewiesen. Alle übrigen Textvarianten bleiben unberücksichtigt.

Anmerkungen

Der Mann ohne Eigenschaften   S. 7

Unvollständig

Entstanden nach dem Dezember 1952 (Erscheinungsdatum des Romans von Robert Musil, Der Mann ohne Eigenschaften. Rowohlt Verlag, Hamburg 1952).

Sendedatum und Sender sind nicht mehr festzustellen.

Der Textgestalt liegt zugrunde:

Typoskript 5236, 5238–5261 (= S. 1–25) aus dem Nachlaß. Der Schluß des Typoskripts fehlt.

1 Die Zitate wurden überprüft anhand: Robert Musil, Der Mann ohne Eigenschaften. Rowohlt Verlag, Hamburg, 17.–22. Tausend Oktober 1958. S. 1646 f.

2 ebenda, S. 37

3 ebenda, S. 39

4 ebenda, S. 40, abgewandelt, und S. 41

5 ebenda, S. 1638/39

6 ebenda, S. 19

7 ebenda, S. 154, leicht abgewandelt

8 ebenda, S. 257

9 ebenda, S. 33

10 ebenda, S. 34

11 ebenda, S. 34

12 ebenda, S. 1642. Die letzten beiden Sätze stehen in umgekehrter Reihenfolge.

13 ebenda, S. 356

14 ebenda, S. 360

15 ebenda, S. 138 f.

16 ebenda, S. 1618

17 ebenda, S. 1640

18 Zitat überprüft anhand: Robert Musil, Tagebücher, Aphorismen, Essays und Reden. Rowohlt Verlag, Hamburg 1955. S. 638

19 Der Mann ohne Eigenschaften. S. 786 f.

20 Entgegen der Annahme von Ingeborg Bachmann erschien das Gedicht zum ersten Mal in: Die Neue Rundschau. Berlin, Mai 1923. Wiederveröffentlicht in: Robert Musil, Prosa, Dramen, späte Briefe. Rowohlt Verlag, Hamburg 1957. S. 597

21 Der Mann ohne Eigenschaften, S. 782, abgewandelt

22 ebenda, S. 1619

23 ebenda, S. 1616

24 ebenda, S. 1617

SAGBARES UND UNSAGBARES – DIE PHILOSOPHIE LUD-
WIG WITTGENSTEINS   S. 31
Entstanden 1953.
Einziges bekanntes Sendedatum: 16. September 1954 im BR München.
Der Textgestalt liegt zugrunde:
Typoskript 2083–2102 aus dem Nachlaß.
Die Zitate aus dem »Tractatus logico-philosophicus« und den »Philosophischen Untersuchungen« wurden überprüft anhand der Ausgabe: Ludwig Wittgenstein, Schriften. Suhrkamp Verlag, Frankfurt/M. 1960.

1 Tractatus (1)

2 ebenda (1.1)

3 ebenda (1.11)

4 ebenda Vorwort, 2. Abs.

5 ebenda (6.3)

6 ebenda (5.61)

7 ebenda (5.61)

8 ebenda (6.432) und (6.44)

9 ebenda (7)

10 ebenda (6.432) und (6.41)

11 ebenda (6.421)

12 ebenda (6.4312), abgewandelt

13 ebenda (6.432)

14 ebenda (6.432), im Original kursiv

15 ebenda (6.522)

16 ebenda (6.41), abgewandelt

17 ebenda (6.52)

18 ebenda (6.521)

19 ebenda (6.53)

20 Blaise Pascal, Gedanken. Aphorismus 55

21 Tractatus (7)

22 Philosophische Untersuchungen, Vorwort, 4. Abs.

23 ebenda, Vorwort, 8. Abs. bis Schluß

24 ebenda, Teil II, Abschnitt XI, S. 534

25 ebenda, Teil II, Abschnitt XI, S. 534

26 ebenda, Teil I, (329)

27 Tractatus (4.112)

28 Philosophische Untersuchungen, Teil I, (133)

29 ebenda, Teil I, (18)

30 Tractatus (6.52)

Das Unglück und die Gottesliebe – Der Weg Simo-
ne Weils   S. 57
Erstsendung: Im 1. Halbjahr 1955 im BR München. Der
Sendetag ist nicht mehr festzustellen.
Der Textgestalt liegt zugrunde:
Typoskript 1639–1669 aus dem Nachlaß.

1 Schwerkraft und Gnade, deutsch von Friedhelm Kemp.
  Kösel Verlag, München 1952. S. 159, abgewandelt

2 Cahiers II (Tagebuchnotizen). Plon, Paris 1953.
  S. 260 f., abgewandelt

3 Journal d'Usine (Fabriktagebuch) 1934–1935, in: La

condition ouvrière. Gallimard, Paris 1951. Taschenbuchausgabe, S. 119

4 Fragments, in: La condition ouvrière. S. 152

5 ebenda, S. 153

6 Journal d'Usine (Fabriktagebuch) 1934–1935, in: La condition ouvrière. S. 130

7 ebenda, S. 131

8 ebenda, S. 134

9 Fragments, in: La condition ouvrière. S. 168

10 Schwerkraft und Gnade. S. 238

11 Inzwischen veröffentlicht in der Übersetzung von Friedhelm Kemp unter dem Titel »Studie für eine Erklärung der Pflichten gegen das menschliche Wesen«, in: Simone Weil, Zeugnis für das Gute. Traktate – Briefe – Aufzeichnungen. Walter Verlag, Olten/Freiburg 1976

12 Condition première d'un travail non servile, in: La condition ouvrière. S. 358, abgewandelt

13 ebenda, S. 360 f., abgewandelt

14 Schwerkraft und Gnade. S. 264

15 ebenda, S. 266, abgewandelt

16 ebenda, S. 266

17 ebenda, S. 265 f.

18 Das Unglück und die Gottesliebe, deutsch von Friedhelm Kemp. Kösel Verlag, München 1953, Vorw. S. 12

19 Schwerkraft und Gnade. S. 200

20 ebenda, S. 200

21 ebenda, S. 200

22 ebenda, S. 200 f.

23 ebenda, S. 201

24 Cahiers II (Tagebuchnotizen). S. 272, abgewandelt

25 Schwerkraft und Gnade. S. 78

26 ebenda, S. 79

27 ebenda, S. 82

28 ebenda, S. 268

29 ebenda, S. 269

30 ebenda, S. 270

31 ebenda, S. 233

32 Das Unglück und die Gottesliebe. S. 58 f.

33 ebenda, S. 65

34 ebenda, S. 67 f.

35 ebenda, S. 88

36 ebenda, S. 47 f.

DIE WELT MARCEL PROUSTS – EINBLICKE IN EIN PANDÄ-
MONIUM   S. 85

Erstsendung: 13. Mai 1958 im BR München.

Der Textgestalt liegt zugrunde:

Fotokopie des Typoskripts im Schallarchiv des BR München. Der im Typoskript mit *Autor* gekennzeichnete Text wurde in der Sendung von einer weiblichen Stimme gesprochen. Diese Konzeption ist im Abdruck beibehalten.

1 Das Zitat stammt aus dem Aufsatz »À Propos Baudelaire«, nicht, wie angegeben, aus den Tagebüchern von Proust. Der Aufsatz erschien im Juni 1921 in der Zeitschrift »Nouvelle Revue Française« und 1927 in dem von Robert Proust herausgegebenen Sammelband »Chroniques«. Zitiert in: André Maurois, Auf den Spuren von Marcel Proust, deutsch von Uecker-Lutz und Bremer-Wolf, unter Mitwirkung von Hans Georg Brenner. Claassen Verlag, Hamburg 1956. S. 241.

2 Friedrich Nietzsche, Jenseits von Gut und Böse, Aphorismus 278, abgewandelt

3 Aus den unveröffentlichten »Cahiers« von Marcel Proust, zitiert in: André Maurois, a. a. O., S. 238

4 Marcel Proust, Auf der Suche nach der verlorenen Zeit, deutsch von Eva Rechel-Mertens. Suhrkamp Verlag, Frankfurt/M. 1956, Bd. V, Die Gefangene. S. 528 ff., abgewandelt

5 ebenda, S. 395 f., leicht abgewandelt

6 Marcel Proust, Auf der Suche . . ., 1957, Bd. VII, Die wiedergefundene Zeit. S. 113 f., leicht abgewandelt

7 ebenda, S. 106 f.

8 ebenda, S. 134 ff.

9 ebenda, S. 136/137

10 ebenda, S. 227

11 ebenda, S. 229

12 ebenda, S. 230 f.

13 ebenda, S. 303 f., leicht abgewandelt

14 ebenda, S. 548 f.

15 ebenda, S. 563 (Zitat versehentlich nach der Neuausgabe korrigiert)

16 ebenda, S. 352

17 Marcel Proust, zitiert in: André Maurois, a. a. O. S. 345 (ohne Quellenangabe)

18 Die Gefangene. S. 278

Christine Koschel
Inge von Weidenbaum

Ingeborg Bachmann in der Serie Piper

»Hinter jeder Zeile, die sie geschrieben hat, steht ein Mensch, nicht viel stärker oder schwächer als der Leser selbst. Ingeborg Bachmann hat nach Musil, Schnitzler und Hofmannsthal ganz neue Dimensionen ausgelotet.« Hellmuth Jaesrich

Anrufung des Großen Bären
Gedichte. 79 Seiten.
Serie Piper 307

Bilder aus ihrem Leben
Mit Texten aus ihrem Werk.
Hrsg. von Andreas
Hapkemeyer. 162 Seiten mit
222 Abbildungen.
Serie Piper 658

Das dreißigste Jahr
Erzählungen. 192 Seiten.
Serie Piper 1509

Die Fähre
Erzählungen. 98 Seiten.
Serie Piper 1182

Der Fall Franza / Requiem für Fanny Goldman
192 Seiten. Serie Piper 1121

Frankfurter Vorlesungen: Probleme zeitgenössischer Dichtung
105 Seiten. Serie Piper 205

Gedichte – Erzählungen – Hörspiel – Essays
357 Seiten. Serie Piper 1630

Die gestundete Zeit
Gedichte. 63 Seiten.
Serie Piper 306

Die Hörpiele
Ein Geschäft mit
Träumen – Die Zikaden –
Der gute Gott von Manhattan.
172 Seiten. Serie Piper 139

Liebe: Dunkler Erdteil
Gedichte aus den
Jahren 1942–1967.
61 Seiten. Serie Piper 330

Mein erstgeborenes Land
Gedichte und Prosa aus
Italien. Hrsg. von Gloria
Keetman.
160 Seiten. Serie Piper 1354

Simultan
Erzählungen.
211 Seiten. Serie Piper 1296

Die Wahrheit ist dem Menschen zumutbar
Essays, Reden, Kleinere
Schriften.
189 Seiten. Serie Piper 218

Wir müssen wahre Sätze finden
Gespräche und Interviews.
Hrsg. von Christine Koschel
und Inge von Weidenbaum.
166 Seiten. Serie Piper 1105

Kein objektives Urteil – nur ein lebendiges
Texte zum Werk von
Ingeborg Bachmann.
Hrsg. von Christine Koschel
und Inge von Weidenbaum.
665 Seiten. Serie Piper 792

PIPER

Klagenfurter Texte

Ingeborg-Bachmann-Wettbewerb 1990
Mit den Texten der Preisträger Birgit Vanderbeke,
Franz Hodjak, Ludwig Roman Fleischer.
Herausgegeben von Heinz Felsbach und Siegbert Metelko.
228 Seiten. Serie Piper 1284

Ingeborg-Bachmann-Wettbewerb 1991
Mit den Texten der Preisträger Emine Sevgi Özdamar,
Urs Allemann, Marcel Beyer.
Herausgegeben von Heinz Felsbach und Siegbert Metelko.
210 Seiten. Serie Piper 1494

Ingeborg-Bachmann-Wettbewerb 1992
Mit den Texten der Preisträger Alissa Walser, Alois Hotschnig,
Ulrich Holbein.
Herausgegeben von Heinz Felsbach und Siegbert Metelko.
213 Seiten. Serie Piper 1665

Die Bände enthalten neben den Texten der Preisträger,
Stipendiaten und Nominierten Auszüge aus den Diskussionen,
einen Pressespiegel und ein Resümee eines Jurymitglieds.

PIPER